# FRESH & HOMEMADE

# FRESH & HOMEMADE

## Kochen und backen mit frischen Zutaten

### HEATHER CAMERON

Jan Thorbecke Verlag

Für meine Mutter, die immer für mich da ist.
Für meinen Mann, der mich unendlich unterstützt und mich auffängt, wenn ich falle.
Und für Lily, meinen Liebling.
Mit 4 Jahren hast Du mich schon mehr über das Leben gelehrt,
als ich Dir jemals beibringen kann.

Aus dem Englischen übersetzt von Ursula Rasch

Alle Rechte vorbehalten
© der deutschen Ausgabe 2014 Jan Thorbecke Verlag
der Schwabenverlag AG, Ostfildern
www.thorbecke.de
© der Originalausgabe mit dem Titel „Farm-fresh recipes from the
Missing Goat Farm" 2013 erschienen bei Ryland Peters & Small,
London
© Text Heather Cameron, Design CICO Books 2013

Umschlaggestaltung: Finken & Bumiller, Stuttgart
Gedruckt in China
ISBN 978-3-7995-0530-7

Bei uns wächst jedes Jahr der
erstaunlichste Bio-Knoblauch. Wir
haben keine Ahnung, wie viele
verschiedene Sorten das sind – es
ist auch egal. Aber wir wissen,
dass er riesig und köstlich ist.

# BIN ICH EINE FARMERIN?

Ich habe immer schon davon geträumt, eine eigene Farm zu haben ...

Seit ich Anfang Zwanzig war, wollte ich meine Lebensmittel auf meiner eigenen Farm anzubauen. Diese Traum-Farm war auf jeden Fall biologisch, es gab dort Geflügel, ein paar Schafe und eine Kuh. Ich würde Pfirsiche einmachen, Marmelade kochen und für meine wundervolle Familie Pasteten backen. Wir würden unendlich glücklich sein.

An meinem 30. Geburtstag habe ich zusammen mit meinem Mann und meiner Mutter eine Farm gekauft. Es war eher Zufall, weil uns das Haus gefiel. Es handelte sich um eine kleine, vernachlässigte Heidelbeer-Farm 40 Minuten außerhalb von Vancouver, British Columbia. An unserem Umzugstag weinte ich die komplette Fahrt. Ich war dabei, die Stadt zu verlassen, die ich so liebte, und würde mit meiner Mutter zusammenziehen. Was hatte ich mir nur dabei gedacht!

Ich war offensichtlich verrückt geworden. Meine Erfahrungen mit Gartenarbeit beschränkten sich darauf, wöchentliche Koch- und Gartensendungen im Fernsehen anzuschauen! Ich hatte nicht einmal meine einzige Topfpflanze aus der Stadt mitgebracht, sondern auf der Terrasse zurückgelassen ... Sie war einfach zu schwer!

Die ersten Jahre haben wir uns einfach so durchgekämpft. Dabei gingen dutzende Lavendelpflanzen drauf, starben Apfelbäume wegen unseres Schnitts, ertranken Rhabarberstauden, taten sich die Vögel der Nachbarschaft an unseren teuren, biologisch-dynamischen Gemüsesamen gütlich. Und ich hatte keine Ahnung, was ich dagegen tun konnte.

Zu allem Übel war das Haus, nun ja, hässlich. Vollgestopft mit Spitze, Paisley-Tapeten und blauem Teppichboden. Unser Bad war von oben bis unten rosarot gefliest. Dass es drinnen so hässlich war, zwang mich dazu, mehr Zeit draußen zu verbringen und mir das Nötigste selbst beizubringen.

# VIELLEICHT KONNTE AUS MIR JA DOCH NOCH EINE FARMERIN WERDEN ...

Wir häuften Wissen an über Felder, biologischen Anbau und den korrekten Schnitt von Bäumen und Sträuchern.

Die Farm (noch ohne Namen) war wunderschön. Überall wuchsen Obst, Gemüse und Blumen. Wir waren alle sehr stolz. Ich konservierte Pfirsiche und Tomaten. Ich kochte Marmelade und Apfelsauce und machte Rüben ein. Außerdem entrümpelte ich das Haus und machte es zu einem Heim für uns. Wir bauten einen süßen kleinen Laden, in dem ich meine eigenen Marmeladen und Gelees an Kunden verkaufte, die eigentlich wegen der Heidelbeeren gekommen waren. Mit der Verwandlung der Farm wuchs auch unser Kundenstamm. Ich war glücklich. Vielleicht war ich ja doch eine Farmerin ...

## Warum sollte ich eine Farmerin sein, wenn ich Stylistin sein konnte ...

Ich lud das „Victoria Magazine" aus New York zu uns ein. Ich bot ihnen Tee und selbst gebackenen Kuchen an – und sie sagten zu! Nachdem ich den ersten Schock überwunden hatte, machte ich mir eine Liste:
1.  Lerne, selber Kuchen zu backen.
2.  Gestalte alles so, dass es hübsch aussieht.
3.  Lerne, einen besseren Kuchen zu backen.
Das Team verbrachte zwei Wochen auf unserer Farm. Sie waren alle ganz reizend und am Schluss schlugen sie mir vor, in Zukunft als Stylistin für Magazine zu arbeiten. Da ich nicht wusste, was ein Stylist macht und dass das ein richtiger Job ist, informierte ich mich darüber. Man konnte tatsächlich sein Geld damit verdienen, dass man Dinge hübsch aussehen ließ! Ich war begeistert und sagte zu.

Zehn Jahre lang arbeitete ich für die besten Wohn-, Einrichtungs- und Garten-Magazine der USA. Es war ein Traumjob! Ich produzierte Storys und gestaltete Häuser, reiste nach Paris, traf fabelhafte Leute und lernte, wunderschöne Fotos zu machen. Mein Leben war voller Geschichten: Wie man ein Gewächshaus baut, wie man sein Gäste-Bad verschönert, wie man im Schatten feiert, wie man mit Melonen dekoriert.

Das Leben konnte nicht schöner sein. so dachte ich jedenfalls.

Wir haben zehn Hochbeete für
Gemüse und Erdbeeren. Ich mag
Hochbeete besonders gern, weil
man sich nicht so tief hinun-
terbücken muss und das
Unkraut nicht so leicht von den
Seiten hereinwachsen kann.

## Warum sollte ich eine Stylistin sein, wenn ich Mutter sein konnte ...

*2007 bekam ich ein Baby. Meine kleine Lily.*

Ich machte für sie biologische Apfelsauce und Pürees. Ich begann, die Zutatenlisten von Lebensmitteln genauer zu lesen, und es gefiel mir gar nicht, was dort stand. Da gab es viel zu viele Konservierungsmittel und Füllstoffe. Deswegen brachte ich mir selbst bei, Brot und Kekse zu backen. Ich lernte, wie man ein ganzes Hühnchen brät (nachdem ich 20 Jahre vegetarisch gelebt hatte) und wie man aus praktisch Nichts Suppen kocht. Ich verzichtete bei meinen Marmeladen auf Gelierzucker und ließ sie stattdessen ganz altmodisch lange köcheln. Wir aßen diese Marmeladen in Joghurts, zu Müsli, Pfannkuchen und Käse. Alles schmeckte viel besser und ich hatte ein gutes Gefühl in Bezug auf unser Essen.

Als Lily älter wurde, war sie ständig bei mir in Küche und Garten. Mit älter meine ich zwei Jahre. Ihre Lieblingsbeschäftigung war, fast alles mit einer Prise Zimt zu würzen. Ich merkte, wie Design mir weniger wichtig wurde und wie ich mehr Wert darauf legte, welche Erbsensorte ich pflanzen wollte oder welcher Kürbis sich im Herbst gut kochen lassen würde.

*Lily wollte auch im Garten mithelfen. Voller Freude beobachtete ich die Begeisterung auf ihrem Gesicht, wenn sie Kartoffeln oder Karotten ausbuddelte. Mit drei Jahren kannte sie alle ihre Gemüsesorten und die meisten Kräuter. Ich war glücklich.*

Im Herbst 2010 bestellten wir fünf Küken. Im Frühling 2011 lebten sie in unserem Haus unter dem Esszimmertisch. Lily half ihrem Vater, einen Hühnerstall zu bauen, und im Sommer sammelten wir frische Eier ein. Den Ausdruck auf ihrem Gesicht, als sie ihr erstes Ei fand, werde ich nie vergessen.

Ich brachte meine Bio-Marmeladen auf den Markt und konzentrierte mich zum ersten Mal ganz auf die Farm. Meine Arbeit als Stylistin geriet in den Hintergrund, aber ich war glücklich. Es war und ist nicht leicht, dieses Leben aufzugeben, und ich nehme immer noch ab und zu einen Auftrag an. Aber ich lebe inzwischen ein anderes Leben und dank Lily enthält unsere Heidelbeer-Lavendel-Marmelade eine Prise Zimt.

# ICH BIN EINE FARMERIN ...

Ich lebe meinen Traum. Ich habe eine wunderbare Familie und besitze die charmante, biologische „Farm der verschwundenen Ziege". Schafe und Kuh fehlen noch, aber das Federvieh gibt es bereits.

Wir sind keine militanten Ökos, und manchmal essen wir immer noch Lebensmittel aus der Dose. Wir lieben süße Leckereien und Schokolade, Törtchen und Kekse. Wir haben nur entdeckt, wie viel Spaß es macht, diese Dinge selbst zu backen, anstatt sie fertig zu kaufen. Diese Freude wird sich Lily für immer bewahren. Sie wird sie an ihre Kinder weitergeben und in ihren Geschichten werde ich eines Tages als Oma wieder auftauchen. Oma macht die beste Tomatensuppe, oder das ist das Käsegebäck, das Oma an Regentagen backte, um mich aufzuheitern. Sie wird ihren Kindern all das zeigen, was ich sie gelehrt habe. In der Küche mit einem Kleinkind zu arbeiten ist sehr lehrreich. So lernt man zum Beispiel Geduld, dass Perfektion absolut überbewertet ist, dass Dinge manchmal einfach nicht klappen, dass es immer kleine Unfälle gibt und dass ein Handstaubsauger wichtig ist.

Letzten Sommer gab ich ein Interview für eine richtig große Zeitung, die von unserem Bio-Hof und unseren Produkten gehört hatte. Die Geschichte wurde abgedruckt. Ich weiß noch, wie ich sie gelesen habe und dann gleich noch einmal. Da stand es in einer nationalen Zeitung, also musste es wirklich wahr sein!

In dem Artikel nannten sie mich, Heather Cameron, Stylistin und Produzentin von Homestorys ... eine Farmerin!

Lassen Sie mich zu Anfang ein paar Dinge klarstellen:
• Sie müssen keine Kinder haben, um dieses Buch zu genießen.
• Die Rezepte sind für jeden geeignet.
• Ich bin kein Gesundheitsapostel oder Gourmetkoch. Ich bin einfach eine Mutter und Besitzerin eines kleinen Bio-Hofs.
• Ich finde Bio-Lebensmittel sehr wichtig, aber ich will niemanden dazu zwingen.
• Ich möchte mich gesund ernähren, aber manchmal kann auch ich der Versuchung eines Schoko-Minz-Täfelchens nicht widerstehen.

In unserer Nachbarschaft gibt es eine Abmachung. Wir dürfen jederzeit im Pyjama über unseren Hof laufen. Niemand wird es auch nur erwähnen. Ich liebe diese Regel!

Außerdem wollte ich noch sagen, dass ich zwar als Stylistin für Magazine arbeite, aber dieses Kochbuch sollte wie mein Heim werden. Nicht gestellt. Nur gemütlich und mit einer gewissen Leichtigkeit. Ich fühlte mich außerordentlich geschmeichelt, dass ich meine eigenen Fotos verwenden durfte. Überglücklich. Dass ich sie neben die von meinen lieben Freundinnen Kim und Janis – denen ohne sichtbaren Aufwand großartige Bilder gelungen sind – stellen darf, erfüllt mir einen Herzenswunsch.

Also, ich hoffe, Ihnen gefällt, was ich geschaffen habe. Ich hoffe, es macht Ihnen Spaß und die Rezepte gelingen.

Und ja, auf einigen Fotos tragen wir tatsächlich Pyjamas.

# MEINE LERNKURVE ...

Als Lily groß genug war, um mit uns richtig zu essen, wollte ich eine dieser perfekten Mütter sein, die in jedes Gericht heimlich zusätzlich drei pürierte Gemüsesorten einschmuggeln. Das Problem dabei war, dass es jedes Mal aufflog.

Die Schoko-Kekse aus Kichererbsenmehl blieben liegen. Die Maccaroni schmeckten klebrig. Der Kuchen roch seltsam. Mein kleines Mädchen sagte es mir so schonend wie möglich: „Mama, das schmeckt ein bisschen, wie wenn Dreck in die Schüssel gefallen wäre."

Und sie hatte recht. Es schmeckte wirklich nicht gut. Deswegen trennte ich mich von all den Tüten in Grün, Weiß und allen möglichen Gelbtönen. Und ich beschaffte mir gefrorene Mangos, Kokosmilch, Kiwis und Bananen. Die selben Farben, ich weiß, aber jetzt musste ich mir keine Sorgen mehr machen, dass sie eines Tages entdecken würde, dass auf den Tiefkühlpackungen Blumenkohl oder Erbsen stand. Ich kaufte von da ab Essen, das ich nicht mehr verstecken wollte, und ich musste keine Entdeckung mehr befürchten. Ich friere die Sachen ein, weil sie sie liebt. Wir alle lieben sie.

In diesem Buch will ich zeigen, dass es sich lohnt, sich Zeit zu nehmen. Den Brotteig mit der Hand zu kneten. Den selbst gemachten Keksteig auszurollen. Butter zu stampfen – nur damit Sie sagen können, dass Sie es getan haben. Es lohnt sich, selbst wenn es mal misslingt. Wen kümmert es?

Wenn Sie es gemeinsam mit einer Freundin oder mit Ihren Kindern machen, dann ist schon die Erinnerung daran wertvoll. Die Stunden, die Sie mit Kochen, Lachen und der Abscheu vor dem eben Gemachten verbringen, sind einfach großartig. Unersetzlich.

Immer wieder erzählen mir Leute, wie gern sie sich daran erinnern, wie sie mit ihren Großmüttern selbst Nudelteig zubereiteten. Die ganze Familie kam zusammen, die Nudeln waren zum Trocknen im gesamten Haus verteilt und man verbrachten den Tag mit den Menschen, die man liebte.

Warum nur haben wir uns von dieser Art zu leben so weit entfernt? Wir sind zu beschäftigt. Ich weiß. Auch ich bin beschäftigt.

Aber wenn mir mein kleines Mädchen beim Kochen helfen will, dann bin ich glücklich. Wir sind zusammen.

Aber ich muss gestehen, dass ich auch heute noch eine Sache in ihr Essen schmuggle ... Spinat. Ich mixe ihn in unsere smoothies und behaupte es wäre Kohl. sie liebt Kohl, sie hasst Spinat. Nicht, dass sie ihn jemals versucht hätte.

# LILY UND IHRE LADYS ...

Von dem Zeitpunkt an, als wir die fünf Küken heimbrachten, jedes gerade mal 72 Stunden alt, war Lily ihre Mama. sie liebt Tiere und wenn sie für sie sorgt, lernt sie dabei Verantwortung und Wertschätzung für die kleinen Wesen. Wir machen ihnen an Regentagen und im Winter, wenn es schneit, einen Brei. Dafür legen sie uns Eier mit unglaublich gelben Dottern.

## Darf ich vorstellen:

In Lilys Hand: Peep, eine Orpington-Henne.
Neben ihr: Lola, eine Ameraucana-Henne, ehrlich gesagt unser Liebling.
Unten links: Haddie Doe, eine Wyandotte-Henne, den Namen hat ihr Lily gegeben.
Unten Mitte: Johnny Drama, weil sie so egozentrisch ist und es sich außerdem auf ihre Rasse, Brahma, reimt.
Unten rechts: Cocoa, eine Marans-Henne aus Frankreich, daher passt der Name.

Wenn es ganz nach Lily gegangen wäre, würden sie jetzt Crystal, Pink Purple Diamond (Ja, das ist ein einziger Name!), Glitterific, Flitter Fairy und Princess shimmer heißen.

Ich liebte Hühner schon immer.
Auch früher schon haben wir
Bio-Eier gekauft und uns an
der kräftigen Farbe gefreut.
Und dann erst das leuchtende
Gelb der Eier unserer Hühner!

# FRÜHLING

## FRÜHSTÜCK

French Toast
Herzhafte Waffeln
    aus Maismehl
Smoothies

## SNACKS

Schoko-Müsli-Riegel
Müsliriegel
Käse-Cracker
Rhabarber-Marmelade
    mit Rosmarin
Kohl-Chips
Nachos mit Rohkost
Brokkolisuppe
Brotteig
Brot-Sticks

## HAUPTGERICHTE

Törtchen aus Filo-Teig
Pizzateig
Pizzasauce
Nudelteig
Wraps mit Hühnchen,
    Rohkost und Quinoa

## NACHSPEISEN

Bananen-Mango-Creme
Zitronen-Creme
Baiser-Törtchen
Pavlova-Wölkchen
    auf Vanille-Pudding
Rhabarber-Pie

## FÜR DEN VORRAT

Mandelbutter
Mandelmilch
Pesto aus Knoblauch-
    Grün

Im Garten erwacht alles wieder zum Leben ...

In diesem Jahr ist alles möglich.

# Ich liebe ... den Frühling!

Im Frühling bekomme ich einen riesigen Motivationsschub. Alles erwacht wieder zum Leben, mich eingeschlossen. Knoblauch und Rhabarber schießen förmlich aus dem Boden, ebenso wie Kohl, Spinat, Rettich, Brokkoli und Kopfsalat. In meinen Frühlingsrezepten verwende ich große Mengen davon, in Kombination mit Mangos. Sie haben bei uns gerade Hauptsaison und wir lieben sie sehr! Später im Frühling schneiden wir die Knoblauchtriebe mit Blüte ab und machen daraus Pesto, das wir einfrieren.

Die Hühner legen wieder Eier, das bedeutet für uns, dass wir im Durchschnitt täglich vier frische Eier zu Verfügung haben. Die Hühner dürfen auf unserem Gelände frei herumlaufen und alle Käfer und Schnecken vertilgen, die sie finden.

Nach einem langen Winter, in dem wir unsere Gemüsebeete planten und vorbereiteten, ist es spannend zu beobachten, wie die Pflänzchen durch die Erde lugen. Das ganze Jahr liegt vor einem und man weiß nie, was einen erwartet.

# FRENCH TOAST

Bei uns gibt es oft French Toast, sehr oft. Ich verwende immer dasselbe Grundrezept, variiere aber die Details. Dafür verwende ich Brioche oder Toastbrot. Manchmal bestreiche ich die Scheiben mit Frischkäse, ansonsten mit Joghurt. Frisches Obst – immer gern!

**ERGIBT 4 SCHEIBEN**

2 Eier
1 TL Zimt
2 TL Vanilleextrakt
80 ml Milch
4 Scheiben Brot (nach Wunsch: Brioche, Weißbrot, Schwarzbrot)
Butter zum Ausbraten – weil es einfach so viel besser schmeckt

1.  Die Eier mit Zimt, Vanilleextrakt und Milch in einer flachen Schüssel verrühren. Jede Brotscheibe in die Mischung tauchen und in die gebutterte Pfanne setzen. Von beiden Seiten anbraten.

2.  Als Aufstrich entweder klassisch Butter und Ahornsirup oder die Honig-Zimt-Butter wählen (siehe Rezept unten). Oder die French Toasts mit Frischkäse bestreichen und mit frischen Obstscheiben belegen. (Tipp: Um den Frischkäse streichfähiger zu machen, 10 Sekunden in der Mikrowelle schmelzen lassen.)

## HONIG-ZIMT-BUTTER
60 g Butter, bei Zimmertemperatur
70 g Honig
1 EL Zimt

Alle Zutaten gut verrühren. Dann auf French Toast, Pfannkuchen oder Waffeln streichen. Reste der Butter können im Kühlschrank aufbewahrt und später verwendet werden.

# HERZHAFTE WAFFELN AUS MAISMEHL

Ich liebe Waffeln – aber wenn man ganz ehrlich ist, dann machen sie schon viel Arbeit. Drei Schüsseln, geschlagenes Eiweiß, unterheben … Aber sie sind lecker – sehr, sehr lecker. Inzwischen mache ich immer die doppelte Menge und friere den Rest ein.

## ERGIBT 4 WAFFELN

200 g Weizenmehl
35 g Mais- oder Weizenmehl
1 TL Backpulver
1/2 TL Natron
1 TL Salz
2 Eier, getrennt
2 EL Feinzucker
100 g Butter, zerlassen
500 ml Buttermilch
2 TL Vanilleextrakt

Garniervorschläge: frischer Spinat, Putenschinken, Spiegelei, Schnittlauch, Koriander, Salsa, Avocado oder Tomate

1.　Beide Mehlsorten, Backpulver, Natron und Salz in einer großen Schüssel vermischen.

2.　In einer anderen Schüssel Eiweiß steif schlagen. Zucker dazugeben und weiter schlagen, bis die Masse glänzt.

3.　Eigelb, Butter, Buttermilch und Vanilleextrakt in einer dritten Schüssel verrühren. Zu den trockenen Zutaten gießen und gut vermischen. Das Eiweiß unterheben.

4.　Im Waffeleisen nach Gebrauchsanweisung backen.

5.　Nach Wunsch garnieren. Meine Vorschläge: Spinat, Spiegelei oder pochiertes Ei, Putenschinken, Schnittlauch und Pfeffer. Guten Appetit!

Dieses Rezept ist für herzhafte Waffeln mit Maismehl, sie können das Maismehl aber auch weglassen und stattdessen einen klassischen Waffelteig machen. Manchmal gibt es sie bei uns auch zum Abendessen.

Bei uns gibt es fast jeden Tag smoothies.
Manchmal gebe ich für einen Energieschub noch 1 TL Bienenpollen mit dazu.
Smoothies tun einfach gut. Aber halten
sie sich genau ans Rezept und fangen
sie langsam an, um allergische Reaktio-
nen zu vermeiden.

# SMOOTHIES

Zutaten für Smoothies habe ich das ganze Jahr über in der Gefriertruhe. Wenn eine Obstsorte, die ich besonders mag, gerade im Angebot ist, kaufe ich große Mengen davon. Frische, noch leicht grüne Bananen friere ich in Scheiben geschnitten ein, die schmecken meiner Meinung nach besser als sehr reife. Zerdrückte Kiwis kann man zusammen mit Kokosmilch in Eiswürfelbehältern einfrieren.

Nehmen Sie sich die Zeit und verteilen sie das geschnittene Obst auf Tabletts oder Backblechen, die sie in der Gefriertruhe einfrieren. Ich hab viel zu oft vergeblich versucht, Mangostückchen auseinanderzumeißeln oder gefrorene Bananen zu schälen. Also besser schneiden, anfrieren, in Beuteln portioniert einfrieren. Heidelbeeren sind die Ausnahme, die friere ich sofort in Beuteln ein.

Den Spinat in diesem Smoothie bemerkt man eigentlich gar nicht, wenn man nur eine kleine Handvoll verwendet. (Natürlich können sie auch gern mehr nehmen.) Außerdem können sie Proteinpulver oder weiteres Obst hinzufügen. Dieses Rezept lässt sich jederzeit erweitern oder verändern. Mit Smoothies kann man eigentlich nichts falsch machen und es macht Spaß, damit zu experimentieren.

## OBST-SMOOTHIE

### ERGIBT 4 PORTIONEN

500 ml Mandelmilch (Seite 50) oder Orangensaft
125 g frische oder gefrorene Heidelbeeren
4 EL Natur- oder Vanillejoghurt
1 Banane
1 Kiwi
1 Handvoll frischer oder gefrorener Spinat (optional)
Agavendicksaft oder flüssiger Honig, zum Süßen des Joghurts (optional)

Alle Zutaten in einen Mixer geben und glatt pürieren. Sofort in hohen Gläsern servieren.

## MANGO-SMOOTHIE

### ERGIBT 4 PORTIONEN

½ frische oder gefrorene Mango (gerne auch eine ganze)
60 ml Kokosmilch
500 ml Ananassaft
1 Banane
2 EL Natur- oder Vanillejoghurt
1 Handvoll frischer oder gefrorener Spinat (optional)

Alle Zutaten in einen Mixer geben und glatt pürieren. Auch zu diesem Smoothie passt Spinat. Es gibt eine schöne Grünfärbung, aber dann schöpfen die Kinder leichter Verdacht.

# SCHOKO-MÜSLI-RIEGEL

Zugegeben, in diesen Müsliriegeln verstecken sich ein paar gesunde Zutaten, aber durch die Schokostreusel werden sie zu einer Leckerei. Servieren sie sie mit einem Lächeln und achten sie darauf, mindestens drei Stück selbst zu erhaschen.

## ERGIBT 20 RIEGEL

200 g zarte Haferflocken
130 g Vollkornmehl
150 g Demerara-Zucker
160 g Schokostreusel
70 g Sonnenblumenkerne
25 g gemahlene Leinsamen
1/2 TL Zimt
1/2 TL Salz
70 g flüssiger Honig
1 Ei
60 ml pflanzliches Öl
2 TL Vanilleextrakt

1.   Den Ofen auf 180 °C vorheizen. Ein flaches Backblech (23 × 33 cm) mit Backpapier auslegen.

2.   Haferflocken, Mehl, Zucker, Schokostreusel, Sonnenblumenkerne, Leinsamen, Zimt und Salz in einer Schüssel vermischen.

3.   In einer anderen Schüssel Honig, Eier, Öl und Vanilleextrakt verrühren. Zu den trockenen Zutaten gießen und gründlich vermischen.

4.   Die Teigmischung auf das vorbereitete Blech geben und bis in die Ecken festdrücken. Im vorgeheizten Ofen 18–20 Minuten lang backen, bis die Kanten leicht braun sind, dann aus dem Ofen nehmen. (Diese Ecken sind besonders knusprig und deswegen meine Lieblingsstücke.)

5.   Noch warm mit einem großen Messer in Riegel schneiden. (Kalt bröckelt es beim Schneiden.)

# MÜSLIRIEGEL

Diese Riegel schmecken so ähnlich wie Reiswaffeln, aber sie enthalten deutlich weniger Zucker und dafür gesunde Leinsamen. Außerdem braucht man keinen Ofen dafür! Jeder war bis jetzt sofort davon begeistert, weshalb die Riegel rasend schnell verschwinden.

**ERGIBT 12 RIEGEL ODER 20 KLEINE STÜCKE (JE NACHDEM, WIE GROSS SIE GESCHNITTEN WERDEN)**

60 g Butter
70 g Demerara-Zucker
70 g flüssiger Honig
1 TL Vanilleextrakt
45 g Naturreis-Knuspermüsli
45 g zarte Haferflocken
    (Die groben sind härter zu beißen, da sie ja nicht gebacken werden.)
15 g Leinsamen
Milchschokolade oder dunkle Schokolade, zum Bestreuen
    (für Sie optional, für mich unbedingt)

**1.** Butter, Zucker und Honig bei mittlerer Hitze in einer Pfanne schmelzen. Leicht zum Köcheln bringen und die Hitze zurückschalten. 2 Minuten köcheln lassen, dann vom Herd nehmen und den Vanilleextrakt hinzufügen.

**2.** In einer anderen Schüssel die trockenen Zutaten vermischen. Die Butter-Mischung darüber gießen und mit einem Löffel gründlich verrühren.

**3.** Eine Fettpfanne (20 × 23 cm) mit Backpapier auslegen. Den Teig mit den Händen fest in die Form drücken. (Die Hände vorher mit etwas Butter einreiben, dann bleibt der Teig nicht kleben.)

**4.** Die Schokolade schmelzen und über den Teig träufeln. Etwa 15 Minuten stehen lassen, dann in Riegel schneiden. Noch warm lassen sie sich besser schneiden. Geschnittene Riegel aufbewahren … oder essen.

# KÄSE-CRACKER

Diese Cracker schmecken am besten warm aus dem Ofen. Deswegen backe ich nur die Hälfte des Teigs und bewahre die andere Hälfte im Gefrierschrank auf. Dann habe ich etwas für stressige Tage in der Hinterhand.

### ERGIBT 40 CRACKER

250 g Cheddar oder mittelalter Gouda, gerieben
5 EL kalte Butter
130 g Weizenmehl

1.   Die Zutaten etwa 1 Minute im Mixer gut vermischen.

2.   Den Teig herausnehmen und mit den Händen eine Kugel formen. (Bei dieser Gelegenheit eventuell den Teig teilen und eine Hälfte einfrieren.) Den Teig in Frischhaltefolie gewickelt mindestens 1 Stunde oder über Nacht in den Kühlschrank legen. Den Ofen auf 190 °C vorheizen.

3.   Den Teig auf einer leicht bemehlten Arbeitsfläche ausrollen – ca. 1 cm dick (Sie können ausprobieren, ob Sie dickere oder dünnere Cracker lieber mögen). Mit einem Förmchen Kreise ausstechen und diese auf ein mit Backpapier belegtes Blech legen.

4.   Ansonsten ist es auch möglich, den Teig mit einem Pizzaroller in Quadrate zu schneiden. Das geht ausgesprochen schnell und macht Kindern großen Spaß.

5.   Im vorgeheizten Ofen 8–10 Minuten backen, bis sie am Rand leicht gebräunt sind. Wenn sie zu braun werden, können sie etwas trocken schmecken.

# RHABARBER-MARMELADE MIT ROSMARIN

Ich mache diese Marmelade im Frühling und verkaufe sie in der Stadt. Sie ist immer schnell weg, weil Rhabarber viele Fans hat. Zusammen mit Käse ist sie eine perfekte Vorspeise. Außerdem wunderbar auf einem warmen Croissant oder in Joghurt gerührt!

**ERGIBT 2 GLÄSER**

750 g Rhabarber, in Scheiben geschnitten (frisch oder tiefgekühlt)
500 g Kristallzucker
Frisch gepresster Saft von 1 Zitrone
Frisch gemahlener schwarzer Pfeffer (etwa 5 Umdrehungen der Pfeffermühle)
70 g flüssiger Honig
10 frische Rosmarinzweige (nach Geschmack auch mehr)

1.  Rhabarber, Zucker, Zitronensaft und Pfeffer in einem Topf bei mittlerer Hitze unter ständigem Rühren zum Kochen bringen. Die Hitze zurückschalten und 6 Minuten köcheln lassen.

2.  Honig und Rosmarin hinzufügen und weitere 6 Minuten leicht köcheln lassen. Ständig rühren, da die Masse sonst anklebt oder spritzt.

3.  Die Marmelade abkühlen lassen und in saubere, sterilisierte Gläser füllen. Mit Ziegenkäse oder Frischkäse und Crackern servieren. Sie schmeckt außerdem ausgezeichnet auf einem Back-Camembert oder zu Sandwiches mit gegrilltem Käse und dünnen Pfirsichscheiben.

# KOHL-CHIPS

Wir lieben diese Chips! Am besten benutzt man dafür einen Dörrautomaten. Ich verwende meinen, um Früchte zu trocknen und vieles mehr. Man kann auch den Ofen bei sehr niedriger Temperatur benutzen, aber ich finde, die Chips schmecken dann nicht ganz so gut.

**ERGIBT REICHLICH CHIPS FÜR EINE GELEGENHEIT**

65 ml Tahini (Sesampaste)
60 ml Tamari (Sojasauce)
60 ml Apfelessig
120 ml Wasser
Frisch gepresster Saft von 1 Zitrone
60 ml Nährhefe
2 große Kohlköpfe (grün, rot, gekräuselt oder glatt)

Das hier ist nichts, was man bei einem Date essen würde oder wenn man jemanden beeindrucken möchte. Denn nach dem Verzehr muss man als Erstes im Spiegel seine Zähne kontrollieren.

1. Alle Zutaten außer dem Kohl in einer Küchenmaschine glatt pürieren. In eine große Schüssel gießen.

2. Den Kohl waschen und die Blätter ausschütteln, sie müssen nicht trocken sein. Die Kohlblätter in kleine Stücke reißen oder ganz lassen. Die Blätter in die Mischung tauchen, sie sollten nicht zu dick damit bedeckt sein. Die gewürzten Blätter auf die Fächer des Dörrautomaten legen.

3. Den Dörrautomaten anschalten und etwa 4–6 Stunden laufen lassen. Die genaue Zeit hängt von der Größe des Kohls ab.

4. Sobald die Kohlblätter sehr trocken und mürbe sind, sind sie fertig. Noch warm von der Unterlage lösen, erkaltet kleben sie fest. In einer Frischhaltedose aufbewahren.

# NACHOS MIT ROHKOST

Diese Nachos sind ganz einfach und superlecker. Sie können für jeden ein eigenes Schälchen zubereiten oder eine große Schüssel, aus der sich alle bedienen. Meine Tochter liebt sie mit Mango und Basilikum. Sie können auch Ihr Lieblingsgemüse dazumischen.

**EIN REICHLICHER SNACK
FÜR 3–4 PERSONEN
(ODER 2 SEHR HUNGRIGE)**

1 große Tüte Tortilla-Chips
200 g Cheddar oder mittelalter Gouda, gerieben
   (Die Menge hängt davon ab, ob Sie die ganze Tüte
   Tortillas essen wollen.)
1 Avocado, geschält, entkernt, klein geschnitten
1 Mango, geschält, entkernt, klein geschnitten
1 rote und 1 gelbe Paprika, geputzt und klein geschnitten
1 Handvoll frischer Koriander oder Basilikum, gehackt
8 Cocktailtomaten, geviertelt

1.    Den Ofen auf 160 °C vorheizen.

2.    Die Tortillas auf einem Backblech
verteilen und mit dem Käse bestreuen.
Im vorgeheizten Ofen 6–7 Minuten lang
backen, bis der Käse geschmolzen ist
und anfängt, Blasen zu werfen.

3.    Die übrigen frischen Zutaten in einer
großen Schüssel mischen. Eventuell
macht sich auch jeder selbst sein Schälchen zurecht. Mit den Tortillas servieren.

**Variation:**   Sie können außerdem
noch schwarze Bohnen und Rettich, in
Scheiben geschnitten oder gehackt,
hinzufügen.

# BROKKOLISUPPE

Diese Suppe zaubert mir jedes Mal ein glückliches Lächeln ins Gesicht. Und was noch schöner ist, auch meine Tochter bringt sie zum Lächeln. Sie wärmt, macht satt und schmeckt einfach köstlich. Wenn ich ein Lokal hätte, würde ich diese Suppe auf jeden Fall auf die Speisekarte setzen. Zusammen mit den Brot-Sticks von Seite 35 ergibt sie ein leichtes Mittagessen.

## ERGIBT 4 PORTIONEN

1,2 l Gemüsebrühe
600–700 g Brokkoli (etwa 3 Köpfe), in mundgerechte
    Röschen geschnitten
1 EL Butter
2 mittlere oder 1 große Lauchstange, in dünne Streifen
    geschnitten
6–7 dicke Rippen aus Kohlblättern, klein gehackt
1/2 TL getrockneter oder 1 TL frischer Thymian
250 ml Milch
350 g Crème double
90 g Cheddar oder mittelalter Gouda, gerieben
Frisch gemahlener schwarzer Pfeffer, zum Abschmecken

1.    Die Gemüsebrühe zum Kochen bringen, dann den Brokkoli hinzufügen. Etwa 10 Minuten kochen lassen.

2.    Die Butter in einer Pfanne zerlassen und den Lauch darin kurz anbraten, bis er weich und leicht gebräunt ist. Anschließend zu Brokkoli und Brühe geben.

3.    Die Kohlrippenstücke und den Thymian hinzufügen und in etwa 2 Minuten weich köcheln.

4.    Die Suppe in einem Mixer glatt pürieren, in den Topf zurückgießen und Milch, Crème double sowie Käse hinzugeben. Gut verrühren und abschmecken.

Garniervorschläge: gekochtes Quinoa, geriebener Cheddar oder mittelalter Gouda, Blauschimmelkäsestückchen, Croûtons, Cracker.

# BROTTEIG

Brotbacken ist eine echte Kunst. Es ist jedes Mal anders und der Teig ist klebrig. Aber ... ich verspreche Ihnen, dass es jedes Mal besser wird: Folgen Sie diesen einfachen Schritten hier, um den Teig für die Brot-Sticks (gegenüber), den Pizzateig auf Seite 38 und die leckeren Baguettes auf Seite 118 zu zaubern. Die genauen Zutaten finden Sie im jeweiligen Rezept.

1.    Mehl und Salz in einer großen Rührschüssel vermischen. In einer anderen Schüssel Wasser und Hefe vermischen. 1 Minute stehen lassen, kräftig rühren und in die Mitte der Mehlmischung gießen.

2.    Mit einem Teigschaber etwas vermischen – nicht komplett verrühren, nur so, dass sich die Zutaten verbinden. Den zähflüssigen Teig auf einer nicht bemehlten Arbeitsfläche kneten, bis er geschmeidig ist. Kein Mehl hinzufügen, das macht den Teig zäh.

3.    Mit den Händen den Teig einmal vom Körper weg falten. Zusammenschlagen, ein Stückchen drehen, wieder falten und zusammenschlagen. So fort-

fahren, bis der Teig geschmeidig ist. Das hier ist eine Variante des klassischen Knetens. Durch das Einfalten und zusammenschlagen füllt sich der Teig mit Luft und wird leicht. Etwa 10 Minuten weiter kneten.

4.    Etwas Mehl in die Rührschüssel stäuben und den Teig hineinlegen. Mit einem sauberen Geschirrtuch (oder einem speziellen Tuch für die Brotzubereitung) zudecken. Der Teig muss jetzt für 1 Stunde an einem warmen Ort ruhen.

5.    Den Teig mit dem Teigschaber vorsichtig aus der Schüssel lösen. Er wird sich weich wie ein Kissen anfühlen.

# BROT-STICKS

Folgen Sie den Schritten 1-5 auf der gegenüberliegenden Seite. Für die Brot-Sticks verwendet man im Prinzip dieselbe Technik, sie brauchen aber keine so lange Gehzeit.

**ERGIBT 12 DÜNNE BROT-STICKS (MAN KANN SIE NACH GESCHMACK AUCH DICKER MACHEN.)**

350 g Mehl Type 550
½ TL Salz
225 ml warmes Wasser
1 TL Trockenhefe
Olivenöl
Sesam (schwarz oder weiß)
Frische Kräuter wie Rosmarin oder Thymian (optional)

Folgen Sie den Anweisungen für den Brotteig – allerdings wird hier nur die Hälfte der Teigmenge gemacht.

1.   Den Backofen auf 200 °C vorheizen. Nach der Gehzeit den Teig aus der Schüssel nehmen und vorsichtig zu einem Rechteck formen. Dabei möglichst keine Luftblasen öffnen (Sie sind wichtig und machen das Brot absolut himmlisch.)

2.   Ein Drittel des Teiges zur Mitte hin einschlagen, dann das andere Drittel ebenfalls zur Mitte hin einschlagen. Den Teig mit einem Messer in 10–12 Streifen schneiden. Jeden Streifen vorsichtig in sich verdrehen.

3.   Mit Olivenöl beträufeln und nach Geschmack in Sesam oder Kräutern wenden oder einfach pur lassen.

4.   Die Teigstreifen auf ein mit Backpapier belegtes Blech legen und im vorgeheizten Ofen 10 Minuten backen. Sofort servieren, beispielsweise zur Brokkolisuppe (Seite 32).

TIPP: Einige Dinge sind sehr hilfreich: ein Teigschaber aus Plastik und Geschirrtücher aus 100 % Baumwolle, die sie nur zum Brotbacken verwenden. Oder sie kaufen Tücher speziell zum Brotbacken, sie sind besonders leicht.

# TÖRTCHEN AUS FILO-TEIG

Meine Familie liebt Filo-Teig – wer nicht? Aber meine Familienmitglieder mögen unterschiedliche Füllungen und Gemüse. Deshalb mache ich individuelle Törtchen in kleinen Auflaufförmchen und fülle sie nach Geschmack: mit Käse, Gemüse, Fleisch ...

## ERGIBT 4 TÖRTCHEN

1 Packung Filo-Teig
60 g Butter, zerlassen
Gemüse nach Wahl (Paprika, Tomaten, Kohl,
    Zuckererbsen, Zucchini), in Stücke geschnitten
3 Eier
60 g Crème double
35 g Ricotta
90 g Cheddar oder mittelalter Gouda, gerieben
Frisches Basilikum oder andere Kräuter nach Wahl
Frischer Schnittlauch, gehackt

1.  Den Ofen auf 190 °C vorheizen.

2.  Den Filo-Teig ausrollen und in Quadrate schneiden
(ca. 15 × 15 cm).

3.  1 Filo-Stück in ein Auflaufförmchen legen, so dass die Enden
an den Seiten überhängen. Mit einem Pinsel den Teig mit zerlassener Butter bestreichen. Versetzt ein weiteres Teigstück darauf
legen, mit Butter bestreichen, dann den Vorgang ein weiteres Mal
wiederholen. Dasselbe mit 3 weiteren Förmchen wiederholen.

**4.** Die Gemüsestücke je nach Geschmack ganz individuell in die vorbereiteten Förmchen verteilen. (Meine Tochter liebt Kohl und Käse. Ich mag viele verschiedene Gemüsesorten.)

**5.** In einer Schüssel Eier, Crème double, Ricotta und Cheddar oder mittelalten Gouda vermischen. Nach Geschmack Basilikum oder andere Kräuter dazugeben.

**6.** Die Mischung über das Gemüse in den Förmchen gießen. Gehackten Schnittlauch darüberstreuen. (Manche Kinder mögen keinen Schnittlauch, dann lassen Sie ihn weg.)

**7.** Die Törtchen im vorgeheizten Ofen 15 Minuten backen. Der Filo-Teig sollte goldbraun und die Eiermasse fest sein. Aus dem Ofen nehmen und 10 Minuten stehen lassen, damit sich die Füllung setzen kann. Für Kinder länger auskühlen lassen, da die Füllung sehr heiß sein kann.

# PIZZATEIG

Lesen Sie die Anleitung zum Kneten auf Seite 34. Für den Pizzateig verwenden wir dieselbe Methode, aber das Rezept enthält außerdem Öl. Pizza ist mit Abstand das Lieblingsessen meiner Tochter, daher mache ich diesen Teig sehr oft.

**ERGIBT 4 KLEINE PIZZEN**

565 g Weizenmehl Type 550
1 TL Salz
360 ml Wasser
2 TL Trockenhefe
5 EL Olivenöl

1.    Mehl und Salz in einer großen Schüssel vermischen. In einer anderen Schüssel warmes Wasser, Hefe und Olivenöl verrühren. 1–2 Minuten stehen lassen, kräftig rühren und zu den trockenen Zutaten gießen.

2.    Den Schritten zur Zubereitung von Brot-Teig auf Seite 34 folgen. Nachdem der Teig 1 Stunde gegangen ist, den Ofen auf 220 °C vorheizen.

3.    Den Teig in 4 gleich große Stücke aufteilen. Jedes Stück leicht auseinanderziehen und etwa 6 Mal von außen zur Mitte hin falten, um Luft einzuarbeiten. Zu einer Kugel formen.

4.    Alle Kugeln auf einer leicht bemehlten Oberfläche zugedeckt 10 Minuten ruhen lassen.

5.    Jetzt den Teig mit den Händen dehnen. Mit einem Nudelholz auf etwa 20 × 25 cm ausrollen und auf ein mit Backpapier belegtes Blech legen (Man kann den Rand nach Geschmack dicker oder dünner machen.).

6.    Auf dem Boden Pizzasauce, Basilikum und Belag nach Geschmack verteilen. Im vorgeheizten Ofen 10 Minuten backen.

TIPP: Vermischen Sie nicht direkt Salz und Hefe – Salz setzt die Wirkung der Hefe außer Kraft und der Teig kann nicht aufgehen.

# PIZZASAUCE

Nichts ist schlimmer, als wenn man während der Zubereitung einer Pizza merkt, dass man keine Sauce mehr im Haus hat. Deshalb habe ich meine eigene, einfache Sauce entwickelt. Ich habe einen Vorrat davon eingefroren, da ich die Fertigsaucen nicht mehr mag.

### ERGIBT SAUCE FÜR 8 PIZZEN (DEN REST EINFRIEREN)

1 kleine Zwiebel, gehackt
2 Knoblauchzehen, gehackt
1 EL Butter
1 Handvoll frisches Basilikum
400 g Tomaten aus der Dose oder etwa 7 mittelgroße
    frische Tomaten
35 g Rosinen
Salz und frisch gemahlener schwarzer Pfeffer

1.    Zwiebel und Knoblauch mit der Butter in einer Pfanne andünsten. Wenn sie weich und leicht gebräunt sind, in einen Mixer geben.

2.    Basilikum, Tomaten und Rosinen hinzufügen und alles glatt pürieren. Mit Salz und Pfeffer abschmecken. Nach Bedarf etwas nachsalzen.

Tipp:
• Die Rosinen sind nachher nicht zu sehen, geben der Sauce aber eine leichte Süße.
• Wenn Sie frische Tomaten verwenden, werden diese zunächst entkernt und gehackt, ehe sie zu Zwiebeln und Knoblauch in die Pfanne kommen. Mitdünsten, bis sie weich sind. Alles zusammen im Mixer glatt pürieren.

TIPP: Sie können den Teig auch mit der Hand ausrollen. Aber ich muss Ihnen ganz ehrlich sagen, dass ich Nudelteig nicht mehr selber machen würde, wenn ich keine Nudelmaschine hätte. Vielleicht haben sie ja mehr Kraft als ich, sie können es gerne versuchen.

# NUDELTEIG

Mit Nudeln ist es wie mit Brot – es kann schrecklich frustrierend sein und einen in den Wahnsinn treiben, aber wenn man erst einmal den Dreh raus hat, ist es gar nicht mehr so schlimm. Als ich es das erste Mal versuchte, verteilte ich das Mehl auf der Arbeitsfläche und sofort rutschten die Eier zu Boden. Das nächste Mal versuchte ich, den Teig mit der Hand auszurollen. Das ist richtig harte Arbeit. Dann rief ich meine Schwester an. Sie hat eine Nudelmaschine. Der nächste Teig war die reinste Katastrophe: zu viel Mehl, zu wenig Eier. Außerdem funktioniert nicht jedes Mehl gleich gut. Ich habe alle Sorten ausprobiert und mag Type 00 am liebsten, es geht aber auch mit Type 550 gut. Und jetzt verrate ich Ihnen, was ich aus all meinen Fehlern gelernt habe …

**ERGIBT NUDELN FÜR
4 NORMALE ESSER ODER
2 HUNGRIGE**

405 g Mehl Type 00 (auch als spezielles Pasta-Mehl oder Semola di grano duro im Handel)
4 mittelgroße Eier

1. 275 g Mehl in eine große Schüssel geben und in die Mitte eine Mulde drücken. (Ich verwende dazu meine großen Schüsseln fürs Brotbacken. Ich will nicht noch einmal erleben, wie die Eier auf den Boden fallen.) Die 4 Eier aufschlagen und hineingeben. Mit einer Gabel Mehl und Eier zu einem geschmeidigen, leicht klebrigen Teig verrühren.

2. Den Teig auf die Arbeitsfläche geben. Das restliche Mehl in Portionen von je 35 g in den Teig kneten. Der Teig wird dabei fester. Das Mehl muss sehr gut eingearbeitet werden, da klebriger Teig die Nudelmaschine verstopft. Den Teig mindestens 15 Minuten kneten, bis er eine feste Konsistenz hat. Wenn man ihn eindrückt, sollte er elastisch zurückfedern.

3. Den Teig in vier Kugeln aufteilen. Eine Portion durch die weiteste Öffnung der Nudelmaschine drehen. Bei jedem Mal den Nudelteig durch eine engere Öffnung drehen, damit der Teig immer dünner wird. (Ich höre bei der vorletzten Stufe auf.) Schließlich den Teig durch den Nudelschneider drehen, um ihn in Streifen zu schneiden.

4. Jetzt sind die Nudeln fertig zum Kochen! Die Teigstreifen in einen großen Topf mit kochendem Salzwasser gleiten lassen (1 TL Salz auf einen großen Topf Wasser). Oder im Kühlschrank bis zum nächsten Tag aufbewahren. (Wir essen sie normalerweise auf einmal auf. Aber manchmal gibt es einen Rest für den nächsten Tag.)

# WRAPS MIT HÜHNCHEN, ROHKOST UND QUINOA

Mit diesem Wrap fühle ich mich gut – er ist gesund und ausgesprochen lecker. Je nach Geschmack können sie ihn mit Hühnchen essen oder vegetarisch. Lecker darin sind auch die knackigen Radieschen.

## ERGIBT 4 WRAPS

Tortilla-Wraps, gekauft oder selbst gemacht (Seite 62)
Frischkäse
1 gebratene Hühnerbrust, in Scheiben geschnitten
1 rote oder orangefarbene Paprika, in Scheiben geschnitten
1 Avocado, geschält, entkernt und in Scheiben geschnitten
6 Radieschen, in Scheiben geschnitten
170 g gekochte Quinoa
1 Mango, geschält, entkernt und in Scheiben geschnitten
Sprossen oder Salat

1.   Die Tortilla ausbreiten und eine Hälfte mit Frischkäse bestreichen.

2.   In die Mitte dieser Hälfte etwas von der Hühnchenbrust legen und die anderen Zutaten darauflegen. Etwas Quinoa darüberstreuen. Aufrollen und genießen.

TIPP: Ich habe immer einen Vorrat an gekochter Quinoa im Kühlschrank, um sie über diverse Gerichte zu streuen, weil sie ein ausgezeichneter Eiweißlieferant ist. Sie passt wunderbar zu Suppen, Wraps, Salaten oder gemischt mit Hüttenkäse und Obst.

# BANANEN-MANGO-CREME

Bei uns ist es manchmal schon im Frühling richtig heiß. Ich habe immer Bananen im Gefrierfach für unsere Smoothies, aber auch für Tage wie diese. Diese Creme enthält keine Milch. Experimentieren Sie ruhig ein wenig, sie lässt sich gut variieren.

## ERGIBT 2–3 PORTIONEN

2 reife Bananen ohne Schale, gefroren
Agavendicksaft, zum Süßen
Vanillepaste oder -extrakt
2 Mangos, frisch oder gefroren
Kokosmilch oder Kakao nach Belieben

1.    Die gefrorenen Bananen im Mixer cremig pürieren. Mit Agavendicksaft und einigen TL Vanillepaste oder -extrakt abschmecken. (Sie können gerne noch ein Löffelchen probieren. Lecker, nicht wahr?) In eine Schüssel umfüllen.

2.    Die Mangos im gereinigten Mixer glatt pürieren. (Probieren ... sehr lecker!) Mit der Bananencreme leicht spiralförmig verrühren. Nach Bedarf noch Agavendicksaft hinzufügen oder mit Kokosmilch oder etwas Kakao verfeinern.

3.    Die Creme sollte sofort gegessen werden. Sie hält sich nicht besonders gut.

# ZITRONEN-CREME

Wenn sie Zitronen lieben, dann probieren sie dieses Rezept. Anschließend schreiben sie mir ein Kärtchen, auf dem steht „Herzlichen Dank, dass sie mir die Welt des Zitronen-Aufstrichs erschlossen haben!" Gern geschehen!

**ERGIBT 4 GLÄSER**

5 Eier
300 g Kristallzucker
360 ml Meyer-Zitronensaft (aus der Flasche)
375 g Butter, gewürfelt
¼ TL Salz

1.   Eier, Zucker und Zitronensaft in einer großen Schüssel über einem heißen Wasserbad rühren, bis alles glatt ist, und dann 5–7 Minuten weiterrühren, bis die Mischung eindickt. Vom Wasserbad nehmen, Butter und Salz unterrühren. Weiterrühren, bis die Butter geschmolzen ist. Voila!

2.   Entweder gleich genießen oder in Gläser abfüllen und einige Wochen lang im Kühlschrank aufbewahren. Man kann die Creme auch im Kühlschrank abkühlen lassen und dann als Füllung für Pasteten oder Törtchen (siehe gegenüber) verwenden.

TIPP: Ich habe dieses Rezept auch mit selbst gepresstem Zitronensaft ausprobiert, aber es war nicht ganz so lecker. Gekaufter Zitronensaft ist süßer und weniger sauer. Wenn sie selbst gepresste Zitronen verwenden wollen, sollten sie eventuell 50 g mehr Zucker hinzufügen.

# BAISER-TÖRTCHEN

Jetzt, wo sie sich schon in die Zitronen-Creme verliebt haben, werden sie diese Törtchen machen. Und dann werden sie mich verfluchen, weil sie gerade drei Törtchen auf einmal gegessen haben. Ich übrigens auch!

**ERGIBT 4 TÖRTCHEN**

1 Glas Zitronen-Creme (siehe gegenüber) für die Füllung

**FÜR DAS BAISER:**

4 Eiweiß (Generell gilt für Baiser: 1 Eiweiß auf 50 g Zucker.)
200 g Feinzucker
1 TL Vanilleextrakt (Seite 129)

**FÜR DEN BODEN:**

125 g Vollkornkekse, zerkrümelt
50 g Kristallzucker
60 g Butter, zerlassen

1.   Den Ofen auf 180 °C vorheizen.

2.   Das Eiweiß steif schlagen. Langsam den Zucker zugegeben. Etwa 15 Minuten schlagen, bis das Eiweiß so fest ist,
dass es steht, und sich der Zucker komplett aufgelöst hat.
Den Vanilleextrakt unterheben.

3.   Die Zutaten für den Boden in einer Schüssel vermischen.
Den Teig fest in Muffinformen drücken, die mit Papierförmchen ausgelegt sind, oder in eine Kuchenform, die mit Backpapier ausgelegt ist.

4.   Den Teig im vorgeheizten Ofen etwa 10 Minuten backen.
Völlig abkühlen lassen, dann die Zitronen-Creme als Füllung
daraufgeben.

5.   Darauf so viel wie möglich von dem Baiser türmen.
(Das sieht einfach super aus.)

6.   Die Törtchen weitere 10 Minuten im Ofen
backen und unbedingt im Auge behalten,
damit das Baiser nicht zu braun wird.
Abkühlen lassen und genießen.

# PAVLOVA-WÖLKCHEN AUF VANILLEPUDDING

Dieses Rezept ist für Tage, an denen der Himmel mal nicht so blau ist. Die Pavlova-Creme sieht aus wie bauschige Schönwetterwolken. Außen ist sie knusprig und innen köstlich zähflüssig. Wenn sie noch nie selbst gemachten Vanillepudding gegessen haben, wissen sie gar nicht, was sie bisher verpasst haben.

## ERGIBT 4 PORTIONEN (UND REICHLICH CREME FÜR SPÄTER)

3 Eiweiß (Es darf auch nicht ein Hauch von Eigelb hineingelangen, sonst funktioniert es nicht.)
150 g Feinzucker
1 TL Vanilleextrakt oder -paste (Seite 129)

## FÜR DEN VANILLEPUDDING:

500 ml Milch
1 ganze Vanilleschote, halbiert
2 Eigelb (Hier sollte kein Eiweiß mit dabei sein.)
100 g Kristallzucker
3 EL Speisestärke

1. Den Ofen auf 120 °C vorheizen.

2. Das Eiweiß steif schlagen. Langsam den Zucker zugeben. Etwa 15 Minuten schlagen, bis das Eiweiß so fest ist, dass es steht, und sich der Zucker komplett aufgelöst hat.

3. Vanillepaste oder -extrakt vorsichtig unterheben. (Das ergibt hübsche Streifen von Vanillesamen in der Creme.)

4. Löffelweise Pavlova-Creme auf 1–2 mit Backpapier belegte Bleche geben. Je nach Größe ergibt das 10–12 Pavlova-Wölkchen. Sie sollten hoch und luftig aussehen (Aber wenn Kinder mithelfen, ist die Form egal, sie sollen einfach Spaß haben.)

5. Im vorgeheizten Ofen 15–20 Minuten leicht braun backen. Den Ofen ausschalten und im Ofen etwa 30 Minuten abkühlen lassen.

6.    Inzwischen den Vanille-pudding zubereiten. 480 ml Milch und die Vanilleschote in einem Topf erwärmen, nicht kochen. Den Zucker einrühren.

7.    Die restliche Milch mit Speisestärke und Eigelb schla-gen, bis alles glatt ist. In die warme Milch gießen und stän-dig rühren, bis die Masse ein-dickt und sich der Zucker voll-ständig aufgelöst hat. (Die Vanilleschote herausnehmen.)

8.    Den Pudding in Schäl-chen füllen. Warm oder kalt mit einem Pavlova-Wölkchen ser-vieren.

TIPP: Sie können den Pudding ganz nach Geschmack in altmodischen Schälchen oder in einer großen Schüssel servieren.

# RHABARBER-PIE

Ich bin besessen von Pies, das gebe ich ganz offen zu. Probieren Sie dieses Rezept. Es dauert etwas, bis man den Bogen raus hat. Aber wenn sie einmal wissen, wie es geht, werden auch sie keinen anderen Pie mehr mögen. Willkommen im Club!

**ERGIBT 8 STÜCKE**

**FÜR DEN TEIG:**

225 g kalte Butter, gewürfelt
300 g Weizenmehl
1 Ei
3 EL kaltes Wasser
1 TL Meersalz
1 EL Crème double
Zucker, zum Bestreuen

**FÜR DIE FÜLLUNG:**

325 g frischer Rhabarber, geputzt und
    klein geschnitten
200 g Kristallzucker
4 EL Weizenmehl
1 Ei

1.    Den Ofen auf 220 °C vorheizen.

Für den Teig:
2.    Die Butterwürfel in eine große Schüssel geben und das Mehl hinzufügen.

3.    Die Butter mit einem Teigschaber auf Erbsengröße zerkleinern. (Machen S e das am besten von Hand, der Teig bekommt dann eine bessere Konsistenz als in der Küchenmaschine. Außerdem kommt der beste Pie, den es gibt, nicht aus einer Maschine.)

4.    Sobald Butter und Mehl vermischt sind, in einer kleinen separaten Schüssel Eier, Wasser und Meersalz verrühren. Über die Butter-Mehl-Mischung gießen. So gut wie möglich mit einer Gabel verrühren, dann mit den Händen etwas vermischen. Es soll keine feste Teig-Kugel werden, sondern eine lockere, bröckelige Mischung.

5.    Etwas mehr als die Hälfte des Teiges nehmen. (Er wird stellenweise bröckeln und Sie werden sich denken: „Das kann so nicht stimmen." Aber Sie werden schon sehen.) Den Teig auf einen Bogen Backpapier legen.

Einen zweiten Bogen Papier darauflegen und mit den Händen fest pressen. Mit dem Nudelholz den Teig zwischen den Papierbögen ausrollen. Er sollte ziemlich dünn und so groß sein, dass er in eine Pie-Form passt. (Nehmen Sie eine Glasform, keine Keramikform – sie sieht zwar hübsch aus, funktioniert aber nicht richtig.) Vorsichtig den oberen Papierbogen vom Teig lösen. Den Teig mit dem unteren Papier anheben, umdrehen und in die Pie-Form legen. Vorsichtig den zweiten Papierbogen ablösen. Den Teig in die Form drücken, die Ränder zuschneiden und den restlichen Teig zusätzlich für den Deckel verwenden. (Na, haben Sie es bemerkt? Auf diese Weise müssen sie keine Teigreste von der Arbeitsplatte kratzen!).

**Für die Füllung:**
6.   Die Rhabarberstücke in einer Schüssel mit Zucker, Mehl und Ei gründlich vermischen. Auf den Teigboden füllen.

7.   Die andere Teighälfte ebenfalls zwischen Backpapier ausrollen und auf die Rhabarberfüllung legen. (Dazu drehen Sie den Teig nach dem Ausrollen zwischen den Papieren um, da die Unterseite immer unebener ist. Diese Seite zuerst abziehen, umdrehen und mit der unebenen Seite nach unten auf die Füllung legen. Auf diese Weise ist die Oberseite des Deckels schön glatt.) Die Ränder zuschneiden. Den Rand mit den Fingern festdrücken und in den Deckel drei Schlitze schneiden, damit der Dampf entweichen kann.

8.   Und jetzt verrate ich Ihnen mein Geheimnis: 1 EL Crème double gleichmäßig auf dem Deckel verstreichen, dann mit etwas Zucker bestreuen.

9.   Im vorgeheizten Ofen 10 Minuten backen, dann die Temperatur auf 180 °C reduzieren und weitere 25 Minuten backen. Die Kruste sollte leicht, aber nicht zu sehr gebräunt sein.

10.   Vor dem Verzehr 2 Stunden auskühlen lassen. (1 ½ Stunden, wenn Sie nicht länger warten können.)

## VARIATION:
## HEIDELBEER-FÜLLUNG

500 g frische Heidelbeeren
200 g Kristallzucker
5 EL Weizenmehl

Die Heidelbeeren in eine Schüssel geben, etwas mehr als die Hälfte davon mit einem Kartoffelstampfer zerdrücken. Mit Zucker und Mehl gut vermischen.

Die Füllung auf ihren wunderbaren, selbst gemachten Boden geben, Deckel drauf und ab in den Ofen. Temperaturen und Zeiten bleiben gleich.

# MANDELBUTTER

Für dieses Rezept lässt sich jede Nuss-Art verwenden – sie können damit sogar Ihre eigene Erdnussbutter machen. Wenn die Nüsse angeröstet werden, funktioniert das ganz wunderbar!

**ERGIBT 1 GLAS**

260 g geschälte Mandeln

1.   Den Ofen auf 180 °C vorheizen.

2.   Die Mandeln auf einem Blech verteilen und im vorgeheizten Ofen 8–10 Minuten leicht braun rösten. Herausnehmen und abkühlen lassen.

3.   Die Mandeln im Mixer zerkleinern. (Sie werden die Maschine einige Male anhalten und die Nüsse von der Schüsselwand kratzen müssen.) Nach etwa 8 Minuten werden die Öle freigesetzt und die Masse wird cremig. In ein verschließbares Glas füllen. Die Mandelbutter ist im Kühlschrank etwa 2 Wochen haltbar.

# MANDELMILCH

Wir trinken jeden Morgen Smoothies mit Mandelmilch. Als ich bemerkte, wie viel Mandelmilch ich dauernd kaufte, war ich wirklich überrascht. Als ich die Liste mit den Inhaltsstoffen las, war die Überraschung noch größer.

**ERGIBT 2 BECHER**

3 gehäufte EL Mandelbutter (siehe oben)
500 ml Wasser
Agavendicksaft, flüssiger Honig oder 2 Datteln, zum Süßen

1.   Mandelbutter und Wasser in einem Mixer pürieren, bis die Milch glatt und cremig ist. Nach Geschmack durch ein feines Sieb streichen. (Ich mache mir nicht die Mühe.)

2.   Falls die Milch gesüßt werden soll, nach Geschmack Datteln, Honig oder Agavendicksaft hinzufügen und nochmals pürieren.

3.   Eiswürfel in Gläser geben und die Milch darübergießen, oder die Milch zur Zubereitung eines Smoothies verwenden (Seite 25).

**VARIATION:
SCHOKOLADEN-MANDELMILCH**

Fügen Sie 1–2 EL Kakaopulver hinzu und süßen Sie mit Agavendicksaft, Honig oder Datteln nach Geschmack nach.

# PESTO AUS KNOBLAUCH-GRÜN

Wenn Sie Ihren eigenen Knoblauch im Garten haben, können Sie die langen, gebogenen Blütenstiele in der Mitte jeder Pflanze abschneiden. Diese sind essbar und schmecken milder als die Knoblauchknolle.

**ERGIBT 2 EISWÜRFEL-BEHÄLTER VOLL PESTO**

1 große Handvoll Knoblauch-Stiele (etwa 12 Stück)
1 EL Olivenöl
Frisches Basilikum oder Petersilie

1.  Die Knoblauch-Stiele zusammen mit dem Olivenöl und frischen Kräutern im Mixer glatt pürieren. Nach Bedarf noch etwas Öl hinzufügen und nochmals pürieren.

2.  Dieses Pesto kann man löffelweise unter frische Salsas oder Pizzasaucen mischen oder als Nudelsauce verwenden. Wir füllen unser Pesto in Eiswürfelbehälter und frieren es so ein. Die einzelnen Portionen lassen sich dann eingefroren bis zum nächsten Gebrauch aufbewahren.

# SOMMER

## FRÜHSTÜCK

Knuspermüsli
Hüttenkäse mit Obst und Quinoa
Crêpes

## SNACKS

Picknickteller
Tortillas
Zimt-Chips
Gebackener Knoblauch mit Kräutern
Kartoffelsalat
Süßkartoffel-Pommes
Erdbeerlimonade
Mojito
Kakao
Eistee
Fruchtschorle

## HAUPTGERICHTE

Heilbutt mit knuspriger Zitronenkruste
Lachs mit Heidelbeer-Chutney
Auberginen-Türmchen
Schnelle Nudelsauce
Ravioli mit Ziegenkäse und
    karamellisierten Zwiebeln

Wraps mit Sesam-Hühnchen
Herzhafter Blechkuchen
Fisch-Tacos

## NACHSPEISEN

Eis am Stiel
Heidelbeersorbet
Bananen-Chips
Wassereis
Pavlova
Brownies
Schokokuchen
    mit Zucchini
Bratäpfel vom
    Lagerfeuer
Gebackene Pfirsiche

## FÜR DEN VORRAT

Gefrorene Pfirsiche
Pistou
Ofen-Tomaten
Zuckersirup
Schnelle Heidelbeer-
    marmelade

im sommer wissen wir wieder, warum wir auf
unserer geliebten Farm
so hart arbeiten.

# Ich liebe ... den Sommer!

Der Sommer ist eine spannende Jahreszeit. Die Farm ist voller Leben und egal wohin man geht, überall wächst etwas, das man essen kann. Der Gemüsegarten quillt über und überall gibt es frische Beeren. Samstags verschenken wir Zucchini, weil wir so viele haben.

Im Sommer machen wir täglich frische Blumensträuße. Außerdem bauen wir hinter dem Haus Zelte und Festungen aus Tüchern und Bambusstangen. Wir stehen früh auf, um im Garten Bilder zu malen, wenn es noch kühl ist. Und wir bleiben abends lange am Lagerfeuer sitzen und versuchen, Gitarre zu spielen. Außerdem braten wir Äpfel (Seite 92).

Wir pflücken und trocknen Lavendel für eine unserer Kreationen: Heidelbeermarmelade mit Lavendel. Anfang August ernten wir den Knoblauch und hängen ihn zum Trocknen ins Gewächshaus. Ich lade zur Ernte immer Freunde ein, die mithelfen und fotografieren. Man weiß nie, was sich in der Erde verbirgt und wie groß die Knolle sein wird.

# KNUSPERMÜSLI

Dieses knusprige Müsli mache ich das ganze Jahr über. Stellen Sie für Gäste oder Familienmitglieder zusätzliche Zutaten bereit. So ist jeder glücklich und es gibt keine Grundsatz-
diskussion über die Existenz von Rosinen auf diesem Planeten.

## ERGIBT 8 SCHÄLCHEN

560 g kernige Haferflocken
80 g Mandelplättchen
100 g Pekannüsse oder Haselnüsse, gehackt
140 g Sonnenblumenkerne
25 g Leinsamen
80 ml pflanzliches Öl
140 g flüssiger Honig

1.    Den Ofen auf 150 °C vorheizen.

2.    Haferflocken, Nüsse und Samen in einer
großen Schüssel mischen. Öl und Honig
dazugießen und gründlich verrühren.

3.    Die Mischung auf 2 mit Backpapier
belegten Blechen verteilen und im vorgeheizten Ofen 23–25 Minuten backen. Aus dem
Ofen nehmen und auf den Blechen abkühlen
lassen.

4.    Das vollständig ausgekühlte Müsli in eine
Tüte oder ein Gefäß füllen. (Ich verschließe
das Müsli nicht luftdicht, damit es knusprig
bleibt.)

Variation:    Sie können zusätzlich folgende
Zutaten verwenden: geröstete Kokosflocken,
Kürbiskerne, Rosinen oder getrocknete Cran-
berrys, Cashewkerne, Weizenkleie … die Liste
ist endlos.

# HÜTTENKÄSE MIT OBST UND QUINOA

Ich esse eigentlich nicht viele Milchprodukte, aber ich liebe Hüttenkäse. Wenn ich nicht viel Zeit habe oder einen schnellen Energieschub brauche, dann ist das mein Lieblingsessen. Es ist eigentlich eher ein Vorschlag als ein Rezept. Verwenden Sie an frischem Obst einfach das, was Sie gerade haben. Und wenn Sie keinen Agavendicksaft mögen, dann probieren Sie es mit Honig oder Ahornsirup.

**ERGIBT GENUG FÜR MICH!**

100 g Hüttenkäse
175 g frische Mango, in Stücke geschnitten, oder 60 g
    Heidelbeeren, Erdbeeren oder Himbeeren
    (Nehmen Sie einfach, was Sie am liebsten mögen.)
1 Pr Leinsamen (Ich liebe den nussigen Geschmack,
    außerdem enthalten sie wahnsinnig viel Gutes!)
20 g Quinoa, gekocht (Noch so ein tolles Lebensmittel!)
Agavendicksaft, zum Beträufeln

1. Alle Zutaten in eine Schüssel geben und mit Agavendicksaft beträufeln.

# CRÊPES

Wir essen ganz oft Crêpes. Das Beste daran ist, dass man den fertigen Teig einige Tage im Kühlschrank aufbewahren kann. Crêpes sind so vielseitig, dass wir sie zum Frühstück, Mittagessen und sogar Abendessen verspeisen. Sie müssen auch nicht unbedingt immer süß sein. Manchmal ist der Teig etwas dünnflüssiger oder auch fester als normal. Vielleicht liegt das an den Eiern oder der Außentemperatur. Das können sie bei Bedarf aber mit etwas Mehl oder Wasser in den Griff bekommen.

**ERGIBT 8 STÜCK**

2 Eier
130 g Weizenmehl
180 ml Milch
60 ml Wasser
½ TL Vanilleextrakt
Butter oder Öl, zum Einfetten

1. Alle Zutaten in der Küchenmaschine gründlich rühren. In einen Krug oder eine große Schüssel gießen und über Nacht, mindestens aber 1 Stunde im Kühlschrank kühlen.

2. Mithilfe eines Stücks Küchenpapier eine Pfanne mit Butter oder Öl leicht einfetten und auf dem Herd bei mittlerer Hitze erwärmen.

3. Etwa 120 ml Teig in die Pfanne gießen. Die Pfanne leicht anheben und den Teig mit kreisenden Bewegungen gleichmäßig verteilen – je dünner der Crêpe wird, umso besser.

4. Wenn sich die Teigränder von der Pfanne lösen, mit einem Pfannenwender den Crêpe herausheben und wenden. Je Seite wird das nur 1–2 Minuten dauern. Den Vorgang mit dem restlichen Teig portionsweise wiederholen.

TIPP: Zum Frühstück füllen wir die Crêpes mit Joghurt, frischem Obst und Schlagsahne und geben etwas Ahornsirup, Agavendicksaft oder Honig darüber. Eigentlich können sie Crêpes mit allem füllen – mit angebratenen Pilzen und Spinat, Speck und Eiern, Spargel und Käse – alles ist lecker.

# PICKNICKTELLER

Wir machen das ganze Jahr über Picknicks. Für uns bedeutet das einfach, dass wir viele verschiedene Leckereien auf einen Teller stapeln und sie irgendwo verspeisen – im Zelt, in der Hängematte, auf dem Sofa oder im Kinderplanschbecken, wo man gerade etwas Abkühlung sucht. Das hier sind unsere Lieblingsleckereien: Joghurt-Klößchen, Feigen mit Honig, Edamame-Bohnen, gebratene Erdbeeren und süße Brotchips.

**ERGIBT 2–3 TELLER**

**FÜR DIE JOGHURT-KLÖSSCHEN:**

320 g Naturjoghurt

**FÜR DIE GEBRATENEN ERDBEEREN:**

200 g frische Erdbeeren, entstielt und je nach Größe
    halbiert oder geviertelt
1 EL Balsamico-Essig
1–2 EL Feinzucker

3 frische Feigen, in Scheiben geschnitten
Honig, zum Beträufeln
250 g frische oder gefrorene Edamame-Bohnen
Meersalz
Süße Brotchips (Seite 150)

1.  Für die Joghurt-Klößchen den Joghurt auf ein vierlagig gefaltetes Mulltuch geben. Die Ecken aufnehmen und zusammendrehen. Vorsichtig drücken, so dass alle Flüssigkeit aus dem Joghurt gepresst wird. Man kann die Kugel über Nacht im Kühlschrank über einer Schüssel hängen lassen oder den Joghurt so lange kneten, bis er trocken ist. Im Kühlschrank kühlen. Das Ergebnis ist eine weiche, streichfähige Käse-Kugel.

2.  Für die gebratenen Erdbeeren den Ofen auf 160 °C vorheizen. Die Erdbeeren mit dem Balsamico in einer Schüssel vermischen. Anschließend auf einem mit Backpapier belegten Blech verteilen. Im Ofen 20 Minuten braten. Die gebratenen Erdbeeren in eine Schüssel geben und mit 1 EL Zucker bestreuen. Mischen, bis sich der Zucker aufgelöst hat. Nach Bedarf noch etwas nachsüßen. Diese Erdbeeren passen auch gut zu Eiscreme oder Biskuitkuchen mit Schlagsahne.

3.  Die Feigen in Scheiben schneiden und nach Bedarf mit Honig beträufeln.

4.  Frische oder gefrorene Edamame-Bohnen in einem Topf mit kochendem, leicht gesalzenem Wasser 5 Minuten kochen, dann abgießen. Mit Meersalz bestreuen.

5.  Alle Zutaten auf einem Teller anrichten. (... hier haben Sie den perfekten Picknickteller!) Dazu Zitronenlimonade reichen (Seite 68).

# TORTILLAS

Diese Tortillas sind unglaublich lecker und ganz einfach zuzubereiten. Sie können das Rezept für Fisch-Tacos (Seite 81), Burritos, Käse-Tortillas oder die köstlichen Zimt-Chips verwenden.

## ERGIBT 12 STÜCK

325 g Weizenmehl Type 550,
    plus Mehl zum Bestäuben
1 TL Backpulver
½ TL Salz
3 EL Margarine
60 g Butter, plus Butter zum
    Einfetten
240 ml warmes Wasser

1.    Alle Zutaten in einer Küchenmaschine zu einer großen Teigkugel verkneten. Diese herausnehmen und auf
einer leicht bemehlten Arbeitsfläche einige Minuten kneten. Den Teig in 12 Kugeln aufteilen. Mit einem sauberen
Geschirrtuch abdecken und 30 Minuten ruhen lassen.

2.    Die Teigportionen jeweils entweder mit der Hand
ausrollen oder mit einer Tortilla-Presse in Form bringen.
(Ich habe eine Presse, aber sie macht die Tortillas für meinen Geschmack nicht dünn genug. Deshalb ziehe ich
den Teig nach dem Pressen mit den Händen so weit,
dass er gerade nicht reißt. Man sollte durch den Teig hin-
durchsehen können.)

3.    Eine Pfanne mit etwas Butter einfetten und
bei mittlerer Hitze erwärmen. Eine Tortilla in die
heiße Pfanne legen. Sie wird Blasen werfen und
schnell braun werden. 1–2 Minuten pro Seite sind
genug.

4.    Für eine Hauptmahlzeit verwenden oder Zimt-
Chips herstellen (siehe gegenüber). Ich mache
beides und bereite mir am nächsten Tag noch
einen Snack zu. Im Kühlschrank sind die Tortillas
2–3 Tage haltbar.

# ZIMT-CHIPS

Dieses Rezept war ein Zufallstreffer. Meine Tochter wollte etwas kleines zwischendurch. Und ich kam auf die Idee, die Tortillas zu toasten und etwas Zimt und Zucker darüber zu streuen. Und jetzt liebt die ganze Familie meine Zimt-Chips ... sie sind so lecker!

**ERGIBT 1 PORTION**

1 frische Tortilla (oder 1–2 Tage alt)
Butter, zerlassen
Fein- oder Kristallzucker, zum Bestreuen
Zimt, zum Bestreuen

**ZUM SERVIEREN**

Joghurt, Natur oder mit Geschmack oder mit Honig
   (... ganz wie gewünscht)

1.   Den Ofen auf 160 °C vorheizen. Mit einem Backpinsel die Tortillas hauchdünn mit Butter bestreichen und mit etwas Zucker und Zimt bestreuen.

2.   Mit einem Messer oder Pizzaschneider die Tortilla in etwa 8 Stücke schneiden. Die Stücke auf ein mit Backpapier belegtes Blech legen.

3.   Im vorgeheizten Ofen 7–8 Minuten backen, bis sie leicht gebräunt sind. Zum Servieren mit Joghurt und frischem Obst auf einer Platte anrichten.

# GEBACKENER KNOBLAUCH MIT KRÄUTERN

Im Juli ernten wir unsere großen, wunderschönen Knoblauchknollen. Ich weiß gar nicht mehr, wie unsere Sorte heißt, aber sie schmeckt göttlich. Oft backen wir ein, zwei Knollen im Lagerfeuer oder im Ofen. Es geht ganz leicht und macht immer Eindruck.

**1 KNOBLAUCHKNOLLE ERGIBT
   3–4 KLEINE SNACKS**

Ganze Knoblauchknollen (Menge je nach Bedarf)
Olivenöl
Frische Kräuter: Thymian, Rosmarin, Oregano
Brot und Butter, zum Servieren

1.   Den Ofen auf 180 °C vorheizen. Funktioniert auch in einem Lagerfeuer.

2.   Ein Stück Backpapier abschneiden und auf ein Stück Alufolie legen (Auf diese Weise berühren sich Alu und Knoblauch nicht.)

3.   Mit einem Messer die Spitze jeder Knolle abschneiden. Den Knoblauch auf das Backpapier mit der darunterliegenden Alufolie legen. Mit 1 EL Olivenöl beträufeln und Kräuter darüberstreuen. Papier und Folie schließen und oben zudrücken.

4.   Im vorgeheizten Ofen 45 Minuten oder im Lagerfeuer, aber nicht direkt in den Flammen, 40–60 Minuten backen. Die Päckchen immer wieder drehen, so dass der Knoblauch gleichmäßig durchbrät.

5.   Den Knoblauch warm mit Brot und Butter servieren. Jede Zehe wird weich und köstlich sein und sich leicht herauslösen lassen.

TIPP: Ich mag es nicht so gern, wenn Alufolie mein Essen berührt. Ich bin auch so schon vergesslich genug, ohne dass Alu irgendwas mit meinem Gehirn anstellt. Also, was wollte ich sagen? ... Ach, ja!

# KARTOFFELSALAT

Das perfekte Essen für ein sommerliches Picknick ist immer Kartoffelsalat. Inzwischen mische ich einfach alles, was im Garten gerade so wächst, mit in die Schüssel. Fast ausschließlich eigene Erzeugnisse zu essen, das ist ein gutes Gefühl.

## ERGIBT 4–5 PORTIONEN

8–10 mittlere bis kleine Kartoffeln
100 g Mayonnaise
100 g Naturjoghurt
1 EL Apfelessig
1 EL Feinzucker
¼ TL Selleriesalz
30 g Schalotten, fein gehackt
1 EL Butter
6 Radieschen, gehackt
Frische Erbsen (falls vorhanden, oder klein geschnittene Zuckererbsen)
2–3 mittlere bis kleine Kohlblätter, fein gehackt
2 Eier, hart gekocht und gehackt
40 g Quinoa, gekocht (optional)

1. Die Kartoffeln in einem Topf mit kochendem Wasser garen.

2. Während die Kartoffeln kochen, Mayonnaise, Joghurt, Apfelessig, Zucker, Selleriesalz und Schalotten in einer Schüssel gut verrühren. Die Mischung bis zum Gebrauch im Kühlschrank aufbewahren.

3. Die Kartoffeln abgießen, schälen und im Topf mit 2 Messern klein schneiden. Die Butter dazugeben und die Kartoffeln wenden, bis die Butter geschmolzen ist und die Kartoffeln bedeckt. Dann die Mayonnaise-Mischung über die Kartoffeln gießen und vorsichtig durchmischen.

4. Die gehackten Radieschen, Erbsen, Kohl und Eier darüberstreuen und gründlich mischen. Falls Quinoa verwendet wird, darüberstreuen oder in einem extra Schälchen anbieten.

Wie schön, dass Lily die Süßkartoffel-Pommes nicht
mag — eine weniger, mit der
ich teilen muss.

# SÜSSKARTOFFEL-POMMES

Für mich gehören diese Pommes eigentlich in die Kategorie Hauptgerichte, ich könnte sie immer essen. Wir machen sie seit meiner Kindheit. Aber ich habe nie verstanden, wie die Restaurants sie so knusprig kriegen. Ich war richtig besessen davon. Und dann habe ich es herausgefunden ... und jetzt werde ich es Ihnen verraten. Am liebsten würde ich immer alle selbst essen, aber ich bemühe mich, meinem Mann auch etwas abzugeben. Ich bemühe mich wirklich ... aber dann schnappe ich mir doch wieder die letzten Pommes und renne über den Rasen davon.

**ERGIBT 1–2 PORTIONEN**

1 Süßkartoffel mit orangefarbenem Fruchtfleisch
4 EL Speisestärke (Das ist das Geheimnis!)
Olivenöl
Salz

**FÜR DEN TABASCO-DIP:**

60 g Mayonnaise
60 g Naturjoghurt oder Saure Sahne
1 EL Tabasco-Sauce (Gerne auch mehr, wenn Sie es scharf und würzig mögen.)
Frisch gepresster Saft von ½ Zitrone

1.  Die Süßkartoffel schälen und in Scheiben schneiden. Anschließend nicht zu dick und nicht zu dünn in Stifte schneiden (... einfach die goldene Mitte).

2.  Die Süßkartoffelstifte in einer großen Schüssel mit kaltem Wasser 1–2 Stunden einweichen lassen, dann abgießen.

3.  Den Ofen auf 220 °C vorheizen.

4.  Die Speisestärke in einen Plastikbeutel füllen. Die Stifte dazugeben und den Beutel verschließen. Schütteln, bis die Stifte von Stärke bedeckt sind.

5.  Die Pommes auf einem mit Backpapier belegten Blech verteilen. Mit etwas Öl beträufeln, wenden und nochmals mit Öl beträufeln, so dass sie gleichmäßig davon bedeckt sind.

6.  Die Pommes sollten sich auf dem Blech nicht berühren (Das klingt komisch, ist aber tatsächlich wichtig, sonst werden sie nicht so knusprig. Ich habe lange gebraucht, um das zu lernen.)

7.  Im vorgeheizten Ofen 15 Minuten backen, dann durchmischen und nochmals 8–10 Minuten backen. (Versuchen Sie nicht, 2 Bleche gleichzeitig im Ofen zu backen, das funktioniert nicht!)

8.  Während der Backzeit den Dip zubereiten. Dazu alle Zutaten in einer Schüssel vermischen und beiseite stellen.

9.  Die Pommes leicht salzen, wenn sie heiß aus dem Ofen kommen, und mit Tabasco-Dip servieren.

# ERDBEERLIMONADE

Dieses Getränk ist rosa, sieht hübsch aus und gehört zu unseren Lieblingen. Außerdem haben wir so viele Erdbeeren, dass wir immer neue Verwertungsmöglichkeiten brauchen.

**ERGIBT 3–4 GLÄSER**

800 ml Wasser
Frisch gepresster Saft von 2 Zitronen
120 ml Zuckersirup (Seite 97)
50 g frische Erdbeeren, entstielt und klein geschnitten
4 Orangenscheiben
Eiswürfel

1. Alle Zutaten in einen Krug oder ein großes Einweckglas füllen und gründlich verrühren oder schütteln. 1 Tag oder über Nacht im Kühlschrank stehen lassen. Die Farbe der Limonade wird intensiver, je länger sie steht.

# MOJITO

Das Geheimnis dieses perfekten Sommer-Cocktails liegt darin, dass man bei der Herstellung des Zuckersirups 7–8 Minzeblättchen verwendet.

**ERGIBT 3–4 GLÄSER**

Frische Minzeblättchen
1 Schuss weißer Rum
1 Schuss Limettensaft
1 Schuss Zuckersirup (Seite 97), mit Minze
Eiswürfel
1 Stängel frische Minze, zum Umrühren (optional)
1 Schuss Sodawasser

1. Einige Minzeblättchen auf den Boden eines Glases (300 ml) legen. Etwas durchmischen, um Aroma und Duft freizusetzen.

2. Rum, Limettensaft und Zuckersirup dazugießen. Großzügig Eis hineingeben sowie weitere Minzeblättchen oder den Minzestängel. Mit Sodawasser aufgießen.

# KAKAO

Nichts ist einfacher, als Kakao selbst zu machen. Sie werden bestimmt nie mehr ein Fertig-produkt kaufen, in dem lauter Dinge stecken, die man nicht einmal aussprechen kann.
Die Mischung ist gut haltbar, falls Sie jeden Tag nur eine Tasse davon möchten. Sind Sie bereit …

### ERGIBT 4 TASSEN

50 g hochwertiges Kakaopulver
100 g Feinzucker
1 l Milch

**1.** Das Kakaopulver in eine Schüssel sie-ben, dann mit dem Zucker vermischen. (Und damit ist er auch schon fertig … Wenn Sie Ihren Kakao weniger süß wollen, dann nehmen Sie einfach weniger Zucker oder mehr Kakao.)

**2.** Die Milch erhitzen und den Kakao hin-einrühren.

**3.** In Tassen gießen. (Wenn Sie maßlosen Genuss wollen, mit den Marshmallows von Seite 121 und Schokoraspeln bestreuen.)

**Variation:** Sie können den Kakao mit 1 Prise Zimt oder Cayenne-Pfeffer würzen.

TIPP: Für Schokoraspeln mit einem scharfen Messer an der Seite einer Schokoladentafel ent-langschaben.

# EISTEE

Ich bin ein großer Fan von Saftschorle und zum Glück haben wir oft Obst im Überfluss. Außerdem gibt es bei uns häufig Früchtetees, die ich nicht so gerne mag. Aber als Eistee schmecken sie fabelhaft! Sie sind ganz einfach zu machen und Sie können verschiedene Mischungen ausprobieren und so Ihre eigene Sorte kreieren.

## ERGIBT SO VIEL SIE WOLLEN

Früchtetee (z. B. Mango, Passionsfrucht, Beerenmischungen)
Früchte und/oder Kräuter
Eiswürfel
Zuckersirup (Seite 97), zum Süßen

Suchen Sie sich aus dem Folgenden Ihre Lieblingssorte aus:
Pfirsiche
Nektarinen
Äpfel
Zitronen
Orangen
Minze oder Rosmarin

1.   Den Tee kochen (Eher schwach, denn wenn er zu stark ist, wird es zu intensiv.), dann im Kühlschrank abkühlen. (Wenn Sie eine größere Menge machen, dann haben Sie im Kühlschrank immer einen Vorrat für Besuch, für heiße Tage, wenn Wasser als Durstlöscher nicht mehr reicht.) In einem verschlossenen Gefäß im Kühlschrank aufbewahren.

2.   Den Tee in einen großen Krug gießen und Obststücke nach Wahl, einige Zweige Minze oder Rosmarin sowie reichlich Eiswürfel hinzufügen. Zuckersirup zum Süßen nach Bedarf. Eventuell mit etwas Wasser verdünnen. Gründlich umrühren und servieren.

**Variation:**   Zu Mango-Tee kombiniere ich Apfel-, Nektarinen- und Zitronenscheiben und etwas Minze. Zur Hawaii-Mischung passen Pfirsiche, Orangen und Erdbeeren.

# FRUCHTSCHORLE

Obst
Wasser
Eiswürfel

Suchen Sie sich aus dem Folgenden Ihre Lieblingssorte aus:
Gurke
Zitrone
Apfel
Honigmelone
Wassermelone
Kiwi
Traube

1.   Eine Auswahl an Obst putzen, aufschneiden und in einen Krug geben. Mit Wasser und Eiswürfeln auffüllen – die Schorle sollte richtig kalt sein.

2.   Frisch servieren oder für unterwegs mitnehmen. (Das mache ich auch so, und jeder meint, ich trinke Sangria!) Im Kühlschrank hält sich die Schorle 1–2 Tage.

# HEILBUTT MIT KNUSPRIGER ZITRONENKRUSTE

Sie können dieses Gericht mit jedem weißen Fisch zubereiten. Für dieses Rezept braucht man eigentlich eingelegte Zitronen, aber wenn sie keine haben, können sie auch die geriebene Schale einer frischen Zitrone verwenden. Die Semmelbrösel-Kruste macht den Fisch besonders lecker.

## ERGIBT 8-10 PORTIONEN

4 Heilbutt-Steaks
4 dünne Scheiben eingelegte Zitronen (Seite 153) oder
   geriebene Zitronenschale
60 g Butter, zerlassen
100 g Semmelbrösel
1 EL frischer oder 1/2 EL getrockneter Dill
1 Pr frisch gemahlener schwarzer Pfeffer

1.   Den Ofen auf 180 °C vorheizen. Die Heilbutt-Steaks abspülen und auf ein mit Backpapier belegtes Blech legen.

2.   Das Fruchtfleisch aus den eingelegten Zitronen entfernen und nur die Schale verwenden. Die Schale mit einem Messer klein hacken und zerdrücken, bis daraus eine Paste geworden ist. Mit der zerlassenen Butter vermischen.

3.   In einer Schüssel die Semmelbrösel mit der Zitronenbutter vermischen, Dill und Pfeffer hinzufügen. Auf die Heilbutt-Steaks geben und mit weiterer Zitronenschale bestreuen.

4.   Im vorgeheizten Ofen etwa 20 Minuten backen. Die Zeit variiert je nach Dicke der Steaks. Das Innere sollte locker sein und sich etwas auffächern.

# LACHS MIT HEIDELBEER-CHUTNEY

Wir essen viel Fisch. Lachs ist wahrscheinlich allgemein am beliebtesten. Mit einem guten Lachs muss man nicht viel machen. Ich kombiniere gerne einen Klecks Heidelbeer-Chutney dazu. Die beiden verbindet ein ausgesprochen süßes Verhältnis.

### ERGIBT 4 PORTIONEN

1 Lachsfilet, groß genug für 4 Personen
4 EL Butter
1 Zitrone, in Scheiben aufgeschnitten
Frischer Dill, grob gehackt

### FÜR DAS HEIDELBEER-CHUTNEY:

375 g Heidelbeeren, frisch oder gefroren
Geriebene Schale und frisch gepresster Saft von 1 Zitrone
20 g rote Zwiebel, gehackt
30 ml Rotweinessig
70 g Ahornsirup
50 g Demerara-Zucker
1/4 TL gemahlener Ingwer
1/4 TL gemahlene Nelken

1.   Den Ofen auf 180 °C vorheizen.

2.   Das Lachsfilet abspülen, mit der Haut-seite nach unten auf ein Blech legen.

3.   Den Fisch mit der Butter bepinseln, mit Dill bestreuen und mit Zitronenscheiben belegen. Im vorgeheizten Ofen etwa 20–25 Minuten garen (je nach Größe des Filets). Das funktioniert auch auf einem Grill.

4.   In der Zwischenzeit das Chutney her-stellen. Dazu alle Zutaten in einem mittel-großen Topf unter ständigem Rühren zum Kochen bringen. Die Hitze reduzieren und alles 10 Minuten köcheln lassen, häufig umrühren.

5.   Den gebackenen Lachs mit Chutney und frischem grünem Gemüse servieren.

TIPP: Das Heidelbeer-Chutney passt warm oder kalt zu Lachs, Huhn, Brie, Sandwich oder Crackern.

# AUBERGINEN-TÜRMCHEN

Dies ist die sommerliche Variante unserer Auberginen mit Käse (Seite 143) – mit ähnlichen, frischen Zutaten, aber es wird nicht gebacken und ohne Sauce serviert. Ich kombiniere dieses Gericht mit Pistou-Sauce, aber man kann stattdessen auch Pesto oder frisches Basilikum verwenden.

## ERGIBT 4 PORTIONEN

1 Aubergine
150 g Semmelbrösel
1 Pr Salz und frisch gemahlener schwarzer Pfeffer
2 Eier, geschlagen
Pflanzliches Öl
3–4 frische Tomaten
2 große frische Büffelmozzarella-Kugeln
4 EL Pistou (Seite 96)
Balsamico-Creme

1.    Den Ofen auf 180 °C vorheizen.

2.    Die Aubergine in ungefähr 1 cm dicke Scheiben schneiden. Die Semmelbrösel in eine flache Schüssel geben und mit Salz und Pfeffer gründlich vermischen. Die geschlagenen Eier in eine weitere flache Schüssel geben.

3.    Jede Auberginenscheibe zunächst im Ei, dann in den Semmelbröseln wenden. Die panierten Scheiben auf ein mit Back-papier belegtes Blech legen. Sobald alle Scheiben vorbereitet sind, mit etwas Öl beträufeln.

4.    Im vorgeheizten Ofen 20 Minuten backen, wenden und nochmals 15–20 Minuten backen. Herausnehmen und beiseite stellen.

5.    Tomaten und Mozzarella in gleich dicke Scheiben schneiden. Nach Geschmack in mehreren Schichten oder nur dreifach sta-peln. Mit einer Auberginenscheibe beginnen, dünn mit Pistou bestreichen, dann mit Mozzarella und dann mit Tomate belegen, Vorgang wiedernolen, bis alle Auberginenscheiben aufgebraucht sind. Mit etwas Balsamico-Creme beträufeln. Fertig.

# SCHNELLE NUDELSAUCE

Sie können die Nudeln selbst machen (Seite 41) oder kaufen. Außerdem können Sie dieses Gericht mit allen beliebigen Gemüse- und Kräutersorten zubereiten – mit Kohl, Spinat, angebratenen Zucchini oder gerösteten Pinienkernen – oder mit allem auf einmal. Dies hier ist eine gute Basis für eine Sauce.

**ERGIBT 3 PORTIONEN**

Nudeln für 3 Personen
Salz
120 g Crème double
70 g Port-Salut-Käse (Das ist unser liebster
    Weichkäse. Ich habe aber auch schon
    Mozzarella oder Ziegenkäse
    verwendet.)
1 Eigelb
Parmesan, frisch gerieben, zum Bestreuen
150 g frische oder gefrorene Erbsen oder
    75 g Spinat
Geröstete Pinienkerne, zum Servieren

1. Die Nudeln in einem großen Topf mit kochendem Salzwasser al dente kochen.

2. Crème double und Käse in einem anderen Topf bei mittlerer Hitze erwärmen und rühren, bis der Käse geschmolzen ist.

3. Die Nudeln abgießen, sobald sie fertig sind, und in den Topf zurückschütten. Mit dem geschmolzenen Käse übergießen und schwenken. Das Eigelb hinzufügen und gründlich verrühren – es wird durch die Hitze der Nudeln stocken.

4. Etwas Parmesan darüberstreuen und mit den frischen Erbsen bestreuen. (Wenn Sie gefrorene Erbsen verwenden, müssen Sie diese zuerst kochen.) Falls Spinat gewünscht wird, unterrühren, solange die Nudeln noch heiß sind. Davon wird er weich werden.

5. Mit Parmesan oder gerösteten Pinienkernen servieren.

# RAVIOLI MIT ZIEGENKÄSE UND KARAMELLISIERTEN ZWIEBELN

Ich weiß schon, dass ich das von fast jedem Gericht behaupte, aber das hier ist wirklich eines meiner absoluten Lieblingsessen, und zwar wegen der Füllung. Ich habe in einem Laden einen Ravioli-Ausstecher gefunden, der für dieses Rezept perfekt ist.

**ERGIBT 48 RAVIOLI**

1 Süßkartoffel
1 süße Zwiebel, in dünne Scheiben geschnitten
2 EL Butter
50 g Ziegenkäse
1 Portion frischer Nudelteig (Seite 41)
Salz

1.    Den Ofen auf 190 °C vorheizen.

2.    Die Süßkartoffel in Backpapier und darüber in Alufolie einwickeln und im vorgeheizten Ofen 1 Stunde backen. (Man kann dies auch schon am Vortag oder einige Stunden zuvor erledigen.) Nach dem Backen die Süßkartoffel schälen und zerdrücken.

3.    Während die Süßkartoffel im Ofen ist, die Zwiebel in einer Pfanne mit der Butter karamellisieren, sie sollte braun und köstlich werden. Danach Zwiebeln und Ziegenkäse mit der Süßkartoffel gründlich vermischen.

4.    Den frischen Teig dünn ausrollen. Den Ravioli-Ausstecher mit etwas Mehl bestäuben, damit sich die Ravioli anschließend leicht herauslösen lassen. Eine Teigplatte über den Ravioli-Ausstecher legen, über jedes Loch 1 TL Füllung geben. Dann 1 weitere Teigplatte darüberlegen. Sanft zudrücken. Mit dem Nudelholz darüber rollen, so dass die Ränder versiegelt und abgeschnitten werden. Jetzt die Ravioli herausnehmen und zum Trocken auf ein Blech verteilen, während der Rest des Teiges verarbeitet wird.

5.    Die Ravioli in einem Topf mit kochendem Salzwasser etwa 5 Minuten garen.

**Serviervorschlag:**

• Sie können die Ravioli mit einer frischen oder gekauften Tomaten-Basilikum-Sauce servieren. Wir lieben sie außerdem mit kandierten Pekannüssen, frischem Basilikum und Parmesan.

• Außerdem können Sie die Ravioli in eine Auflaufform schichten, mit Tomaten-Basilikum-Sauce übergießen und im vorgeheizten Ofen bei 180 °C etwa 25 Minuten backen. Mit Parmesan und kandierten Pekannüssen servieren. (Haben Sie gemerkt, dass ich kandierte Pekannüsse sehr liebe?!)

# WRAPS MIT SESAM-HÜHNCHEN

Sesam-Hühnchen ist für uns ein Grundnahrungsmittel. Es passt gut in Wraps oder Salate. Ich mische Leinsamen unter den Sesam, manchmal nehme ich zusätzlich auch noch etwas Nährhefe. Meine Tochter mag es mit Nährhefe am liebsten … probieren sie es aus!

**ERGIBT EINE LEICHTE MAHLZEIT FÜR 3–4 PERSONEN**

**FÜR DAS DRESSING:**

50 g Sesampaste
1 Handvoll Koriander
1/2 Avocado, in kleine Stücke geschnitten
Frisch gepresster Saft von 1 Limette
1 TL Ingwer, frisch gerieben
35 g flüssiger Honig
120 ml Wasser

**FÜR DIE WRAPS:**

2 Puten- oder Hühnerbrüste
70 g Sesamsamen
2 EL Nährhefe oder 2 EL Leinsamen (optional)
Olivenöl
Große Salatblätter, gewaschen, zum Einwickeln
2 Karotten, in Stifte geschnitten
1 kleine bis mittelgroße Salatgurke, in Stifte geschnitten
70 g Zuckerschoten, in Stifte geschnitten

1. Für das Dressing alle Zutaten in einem Mixer glatt pürieren. Falls das Dressing zu dickflüssig ist, noch etwas Wasser hinzufügen. (Allerdings soll es auch nicht aus dem Wrap heraustropfen.) Beiseite stellen.

2. Die Puten- oder Hühnerbrüste in schmale Streifen schneiden.

3. Den Sesam in einer kleinen Schüssel nach Geschmack mit Leinsamen oder Nährhefe vermischen. Das Fleisch in den Samen wälzen, so dass es überall davon bedeckt ist.

4. Das Olivenöl in einer Pfanne erhitzen und das Fleisch darin von beiden Seiten anbraten, so dass es leicht gebräunt und durchgegart ist.

5. Für die Wraps einige Hühnerbruststreifen auf große Salatblätter geben, Gemüsestifte dazugeben und mit der Sauce beträufeln. Zusammenrollen und genießen!

# HERZHAFTER BLECHKUCHEN

Sie können für diesen Blechkuchen entweder den Pie-Teig von Seite 48 verwenden oder Filo-Teig nehmen. Es ist ein Rezept, mit dem man verarbeitet, was Garten und Kühlschrank gerade hergeben. Wir machen das ganze Jahr über Varianten dieses Blechkuchens, die jeweils widerspiegeln, was draußen gerade so wächst.

**ERGIBT EINE LEICHTE MAHLZEIT FÜR 4–6 PERSONEN**

1 Portion Pie-Teig (Seite 48)
Öl, zum Braten
1 Zwiebel, gehackt
1 kleine Zucchini, in dünnen Scheiben
Einige Zucchini-Blüten (falls vorhanden), geviertelt
2 Aprikosen oder 1 Pfirsich, geschält, in dünnen Scheiben
100 g Ziegenkäse
Frische Thymianblättchen
Flüssiger Honig, zum Beträufeln
Olivenöl, zum Beträufeln

1. Den Ofen auf 180 °C vorheizen.

2. Den Pie-Teig nach der Anleitung von Seite 48 zubereiten. Die Hälfte des Teiges dünn auf einem Stück Backpapier zu einem Rechteck ausrollen (18 × 25 cm). Mit einem Messer oder Pizzaroller die Ränder zuschneiden. (Wobei ein unregelmäßiges Rechteck auch hübsch aussehen kann. Nehmen Sie einfach eine Form, die Sie glücklich macht … Bei mir schaut es manchmal einfach wie ein Fladen aus.)

3. Etwas Öl in einer Pfanne erhitzen und die Zwiebeln darin karamellisieren. Dann die Zwiebeln über den Teig streuen. Darauf Zucchinischeiben, -blüten und Aprikosen- oder Pfirsichscheiben verteilen. Gleichmäßig den Ziegenkäse darüberbröckeln und mit frischen Thymianblättchen bestreuen. Honig und etwas Olivenöl darüberträufeln.

4. Im vorgeheizten Ofen in 25–30 Minuten goldbraun backen.

# FISCH-TACOS

Ich kann mich für jede Verwendungsart von selbst gemachten Tortillas begeistern. Einmal habe ich in Mexiko Fisch-Tacos gegessen, die ich nie vergessen werde. Dieses Rezept orientiert sich so nah wie möglich an meiner Erinnerung daran. Wir verwenden dafür gerne zwei verschiedene Fisch-arten, wie zum Beispiel Heilbutt und Forelle.

Ich habe eine Tortilla-Presse, aber mit einem Nudelholz funktioniert es genauso. Überzählige Tortillas können für Tortilla-Chips mit Zimt (Seite 63) verwendet oder ein paar Tage im Kühl-schrank aufbewahrt werden. Man kann daraus Burritos oder Quesadillas machen.

## ERGIBT 4 PORTIONEN

3 dünne weiße Fischfilets, Forelle oder auch Lachs, zusammen 475 g
60 g Butter
1 Scheibe eingelegte Zitrone (Seite 153), zu einer Paste zerdrückt, oder die geriebene Schale von 1 Zitrone
55 g Semmelbrösel
1 Stapel selbst gemachter Tortillas (Seite 62)
Tabasco-Dip (Seite 67)

## FÜR DIE SALSA:

6 Radieschen, in Scheiben
1 Mango, geschält, entkernt und gewürfelt
1/2 Avocado, gehackt
Frisch gepresster Saft von 1/2 Limette
1 Handvoll Koriander, gehackt
10 Kirschtomaten, geviertelt

1. Den Ofen auf 180 °C vorheizen.

2. Die Filets abspülen, dann auf ein mit Backpapier belegtes Blech legen.

3. Die Butter in einer kleinen Pfanne zerlassen. Die eingelegte Zitrone oder die geriebene Zitronenschale sowie die Semmel-brösel hinzufügen und gut verrühren.

4. Die Mischung über die Filets verteilen und diese im vorge-heizten Ofen 20 Minuten garen. Bei größeren Filets dauert es eventuell etwas länger. (Nach Wunsch können die Filets aber auch mit 1 EL Butter in der Pfanne gebraten werden.)

5. Während der Fisch gart, die Salsa zubereiten. Dazu alle Zutaten in einer Schüssel vermischen.

6. Für die Tacos jeweils einen Tortillafladen ausbreiten, in die Mitte ein Stück Fisch legen, darauf etwas Salsa geben und mit etwas Tabasco-Dip beträufeln. Zusammenrollen und aus der Hand essen.

Tipp: Eis am Stiel zuzubereiten, ist eine unserer Lieblingsbeschäftigungen. Wir suchen das Obst aus, passieren es und das Eis ist in 30 Minuten fertig.

# EIS AM STIEL

Jahrelang schon hatten wir Eis am Stiel selbst gemacht. Aber es gibt nichts Schlimmeres, als mit einem erwartungsvollen Kind Eis am Stiel zu machen und ihm dann zu sagen, dass das Eis erst am nächsten Tag fertig ist. Darum habe ich eine „Eismaschine" mit passenden Formen gekauft. Damit ist das Eis in 15 Minuten fertig. Aber egal, wie lange es dauert, es wird immer gelingen. Außerdem brauchen sie ein Passiergerät oder einen entsprechenden Aufsatz für die Küchenmaschine.

**ERGIBT 6 GROSSE ODER
12 KLEINERE EIS AM STIEL**

400 g frisches Obst (Erdbeeren, Himbeeren,
Heidelbeeren – ganz nach Wunsch)
Zuckersirup, zum Süßen (Seite 97)

1.    Frisches Obst im Passiergerät passieren. Dabei bleiben Schale und Kerne hängen, während die Säfte in der Schüssel unten aufgefangen werden.

2.    60 ml Zuckersirup hinzufügen, nach Geschmack auch mehr. (Es liegt ganz bei Ihnen, wie viel Sie wollen. Ich stehe immer neben Lily und lasse sie probieren, bis sie sagt: „Perfekt!")

3.    Sobald die Mischung süß genug ist, in die Formen der Eismaschine gießen und entweder 15 Minuten oder ohne Gerät bis zum nächsten Tag warten.

# HEIDELBEERSORBET

*Für mich ist Sorbet nichts anderes als Eis am Stiel – im Becher. Habe ich recht? Sie werden wieder das Passiergerät brauchen. Außerdem benötigt man eine Eismaschine.*

**ERGIBT 3–4 PORTIONEN
(WENN SIE SICH ZURÜCKHALTEN)**

750–875 g frische Heidelbeeren
120 ml Wasser
240 ml Zuckersirup (Seite 97)
Geriebene Schale von 1 Zitrone

1.    Die Heidelbeeren in das Passiergerät geben – das sollte etwa 600 ml Saft ergeben.

2.    Die übrigen Zutaten daruntermischen und die Flüssigkeit in die Eismaschine füllen. 20 Minuten oder nach Betriebsanleitung gefrieren lassen.

3.    Entweder sofort verspeisen oder in der Gefriertruhe für später aufbewahren. Dort wird das Sorbet hart, daher 30 Minuten vor dem Servieren herausnehmen.

**VARIATION:
ERDBEER- ODER HIMBEER-
SORBET:**

750–875 g frische Erdbeeren oder Himbeeren
120 ml Wasser
240 ml Zuckersirup (Seite 97)

*Die Beeren passieren, Wasser und Zuckersirup hinzufügen und in die Eismaschine füllen. 20 Minuten oder nach Betriebsanleitung gefrieren lassen.*

# BANANEN-CHIPS

Diese Chips sind eine tolle, sommerliche Ergänzung zu Eiscreme. Wenn sie von den Kindern für langweilig gehalten werden, weil sie Vanille-Eis servieren, dann können sie mit den Bananen-Chips Eindruck machen.

**ERGIBT 4 PORTIONEN**

1 reife Banane
60 g Milchschokolade oder Zartbitterschokolade, geschmolzen
Milch, nach Bedarf
30 g gehackte Pistazien, Mandeln oder Haselnüsse

1.   Die Banane in dünne Scheiben schneiden. Die Scheiben auf ein mit Backpapier belegtes Blech oder Tablett verteilen.

2.   Die Schokolade über einem heißen Wasserbad schmelzen. (Ich verwende Bio-Schokolade und muss dann immer etwas Milch hinzugeben, um sie geschmeidiger zu machen.)

3.   Je 1 TL Schokolade auf jede Bananenscheibe löffeln. Es macht nichts, wenn dabei Schokolade herunterläuft. Mit gehackten Nüssen bestreuen. Das Blech oder Tablett über Nacht oder wenigstens einige Stunden in der Gefriertruhe einfrieren.

4.   Sobald sie gefroren sind, können Sie die Bananen-Chips in einem Behälter oder einem Gefrierbeutel in der Gefriertruhe aufbewahren.

# WASSEREIS

Als letzten Nachtisch dieses Kapitels möchte ich Ihnen ein Wassereis aus selbst gemachtem Zuckersirup vorstellen, bei dem man ein gutes Gefühl haben kann. Und, halt! Ehe sie jetzt denken, das ist nur was für Kinder ... lassen sie mich erwähnen, dass ein Schuss Alkohol aus einem Wassereis einen erfrischenden Sommer-Cocktail zaubern kann. Eine Portion Eis bringt einfach jeden zum Lächeln.

## ERGIBT JEWEILS 360 ML

### ANANASSIRUP:

1 ganze Ananas, geschält, Strunk entfernt, in Stücke
    geschnitten
120 ml Zuckersirup (Seite 97)
4 frische Minzeblättchen
Frisch gepresster Saft von 1 Limette

### HEIDELBEERSIRUP:

375 g Heidelbeeren
240 ml Zuckersirup (Seite 97)
Geriebene Schale und frisch gepresster Saft von
    $1/2$ Zitrone
120 ml Wasser

### ERDBEERSIRUP:

300 g Erdbeeren
240 ml Zuckersirup (Seite 97)
Frisch gepresster Saft von 1 Zitrone

### RHABARBERSIRUP:

400 g Rhabarber, in Stücke geschnitten
360 ml Zuckersirup (Seite 97)
1 frischer Rosmarinzweig

1.    Je nach Geschmacksrichtung alle
entsprechenden Zutaten bei mittlerer
Hitze in einem Topf zum Kochen bringen.
Die Hitze reduzieren und den Sirup
5 Minuten köcheln lassen, gelegentlich
umrühren.

2.    Durch ein mit Mulltuch ausgelegtes
Sieb in eine Schüssel gießen. Wenn es
nicht mehr zu heiß ist, den Rest mit einem
Löffel durchstreichen.

3.    Eiswürfel in einem Mixer fein zerkleinern. Eine Schüssel oder ein Glas damit
füllen und mit fantastischem, selbst
gemachtem Fruchtsirup übergießen.

ERWACHSENEN-VARIANTEN:
Verwenden sie weniger Zuckersirup.
- ½ Schuss Wodka zu dem Eis mit Rhabarber-
  sirup hinzufügen.
- ½ Schuss Tequilla zu dem Eis mit Erdbeer-
  sirup hinzufügen.
- ½ Schuss Rum zu dem Eis mit Ananassirup
  hinzufügen, dazu einen Zweig Minze.

# PAVLOVA

Was passiert, wenn man am selben Ort Eier legende Hühner und diverse Obstgehölze hat? Pavlova! So einfach, so beeindruckend, so gut. Außen knusprig, innen zähflüssig ... da kann nichts schiefgehen!

**ERGIBT 4–8 PORTIONEN**

4 Eiweiß
200 g Feinzucker
1 TL Vanillepaste oder -extrakt
Schlagsahne und frisches Obst,
    zum Servieren

1.    Den Ofen auf 140 °C vorheizen.

2.    Das Eiweiß steif schlagen. Nach und nach den Zucker zugeben. Etwa 15 Minuten schlagen, bis das Eiweiß fest ist, von selbst steht und sich der Zucker völlig aufgelöst hat. Den Vanilleextrakt unterheben.

3.    Das Baiser kreisförmig etwa 10 cm hoch auf ein mit Backpapier belegtes Blech geben.

4.    Im vorgeheizten Ofen 1 Stunde backen. Das Baiser hat dann eine leicht goldene Tönung. Aus dem Ofen nehmen und abkühlen lassen. Während des Abkühlens reißt das Baiser vermutlich an manchen Stellen – das ist ganz normal.

5.    Das Baiser oben mit etwas Schlagsahne bestreichen und mit frischem Obst dekorieren.

**Variation:**    Manchmal streiche ich auch noch Vanillepudding unter die Sahne ... versuchen Sie es einfach.

TIPP: Wenn sie eine große Party mit vielen Gästen feiern, dann können sie auch mehrere Schichten Baiser aufeinander türmen. Für eine schokoladige Version können sie Kakaopulver in die Baisermasse rühren.

# BROWNIES

Ich liebe es, wenn Brownies innen weich und klebrig, außen aber fest sind. Die Oberfläche muss uneben und leicht eingerissen sein. Echte Brownies brauchen keinen Guss. Beim Probieren werden sie sagen: „Mmh, sind die gut!"

## ERGIBT 16 STÜCK

175 g gesalzene Butter, plus Butter zum Einfetten
300 g Kristallzucker
2 Eier
1 TL Vanilleextrakt
175 g Weizenmehl
25 g Kakaopulver
1/4 TL Natron
1/2 TL Backpulver
175 g Milchschokolade, geschmolzen
30 ml Milch
60 g Pekannüsse, gehackt (Man muss sie rösten, damit sie knackig werden.)
3-4 Marshmallows (Ich verwende selbst gemachte wie die von Seite 121, aber gekaufte sind sicher auch lecker.)

1.   Den Ofen auf 180 °C vorheizen. Eine Backform von 20 × 30 cm Größe einfetten.

2.   Die Butter zerlassen und in einer Schüssel mit dem Zucker verrühren. Eier und Vanilleextrakt unterrühren und zu einer glatten und cremigen Masse schlagen.

3.   Mehl, Kakao, Natron und Backpulver in eine andere Schüssel sieben und vermischen. Die Buttermischung dazugießen und alles gut verrühren.

4.   Die Schokolade über einem heißen Wasserbad schmelzen. (Ich verwende Bio-Schokolade und muss dann immer etwas Milch hinzugeben, um sie geschmeidiger zu machen. Wenn die Schokolade weich genug erscheint, die Milch weglassen.)

5.   Die geschmolzene Schokolade zum Teig gießen. Unterheben und gut verrühren. Dann die gerösteten Pekannüsse unterrühren.

6.   Den Teig in die vorbereitete Form füllen. Die Marshmallows jeweils in drei Stücke reißen und zufällig verteilt in den Teig stecken, so dass sie fast bedeckt sind.

7.   Im vorgeheizten Ofen 30–35 Minuten backen. „Mmh, sind die gut!"

# SCHOKOKUCHEN MIT ZUCCHINI

*Ich mag diesen Kuchen schon deswegen, weil wir im Sommer viel zu viele Zucchini haben. Lily liebt ihn mit Schlagsahne und Erdbeeren. Mein Mann mag ihn mit Buttercreme überzogen. Außerdem kann man aus dem Teig perfekte Muffins machen.*

## ERGIBT 12 STÜCKE

325 g Weizenmehl
50 Kakaopulver, gesiebt
3 TL Backpulver
1 1/2 TL Natron
1 1/2 TL Salz
2 TL Zimt
1/4 TL Muskat, gerieben
200 g Kristallzucker
200 g zimmerwarme Butter,
    plus Butter zum Einfetten
3 Eier
2 TL Vanilleextrakt
120 ml Milch
80 ml Apfelsauce (Seite 128)
300 g Zucchini, geraspelt
175 g Milchschokolade, geschmolzen

1.   Den Ofen auf 180 °C vorheizen. Eine Kuchenform von 23 × 33 cm oder eine Gugelhupfform einfetten.

2.   Mehl, Kakaopulver, Backpulver, Natron, Salz, Zimt und Muskat in einer großen Schüssel verrühren.

3.   In einer anderen Schüssel Zucker und Butter schaumig rühren. Eier und Vanilleextrakt hinzufügen und schlagen, bis das Ganze glatt ist.

4.   Milch und Apfelsauce dazugeben und weiter schlagen. Die Mischung zur Mehlmischung gießen und gründlich verrühren. Die geraspelten Zucchini sowie die geschmolzene Schokolade dazugeben und nochmals verrühren.

5.   Die Teigmischung in die vorbereitete Kuchenform füllen und im vorgeheizten Ofen 40 Minuten backen. Mit einer Gugelhupfform dauert es etwas länger, ca. 55 Minuten.

6.   Den Kuchen etwas abkühlen lassen, eher er aus der Form genommen wird. Dann auf einem Kuchengitter vollständig auskühlen lassen.

# BRATÄPFEL VOM LAGERFEUER

Dieses Dessert ist gut vorzubereiten und einfach perfekt für eine Feuerstelle draußen. Wie meine Tochter mag ich es mit geschälten Äpfeln lieber. Vielleicht ist es Ihnen aber auch lieber, wenn die Schale dran bleibt. Bieten Sie beide Varianten an, dann sind alle glücklich. So haben wir das jedenfalls gemacht. Und nachher hätten doch alle lieber unsere geschälten Äpfel gehabt …

**ERGIBT 2 PORTIONEN**

2 Äpfel
4 TL Demerara-Zucker
1 TL Zimt
2 EL Butter

1.   Den Ofen auf 180 °C vorheizen. (Falls Sie kein Lagerfeuer haben.)

2.   Für die geschälte Version die Äpfel schälen und das Kernhaus ausstechen. (Ich habe einen Apfelschäler – praktisch, vor allem im Herbst!)

3.   Die Äpfel auf Backpapier und mit dem Backpapier auf Alufolie legen.

4.   Zucker und Zimt in einem kleinen Schälchen vermischen und in die Äpfel löffeln.

5.   1 EL Butter auf die Zuckermischung geben und den Apfel fest in Papier und Folie einwickeln.

6.   Im vorgeheizten Ofen 45 Minuten backen oder im Feuer zu den glühenden Kohlen legen. Dort alle 20 Minuten drehen, insgesamt etwa eine Stunde schmoren lassen. (Es kommt darauf an, wie heiß Ihr Feuer ist.)

# GEBACKENE PFIRSICHE

Diese Pfirsiche können sie im Ofen, im Lagerfeuer oder auf dem Grill backen bzw. grillen. Zwei meiner Lieblingsleckereien sind ein Pfirsich-Pie mit Kardamom und ein Obstkuchen mit Streuseln. Hier kann man die beiden Varianten ganz einfach kombinieren. Außerdem ist es perfekt fürs Draußensein.

## ERGIBT 6 PORTIONEN

3 Pfirsiche
3 EL Butter, zerlassen
70 g Haferflocken
100 g Demerara-Zucker
25 g gemahlene Mandeln
1/4 TL gemahlener Kardamom

1.    Den Ofen auf 190 °C vorheizen. Eine 6er-Muffinform mit Papierförmchen auskleiden.

2.    Die Pfirsiche halbieren und entsteinen.

3.    Alle übrigen Zutaten in einer Schüssel vermischen. Die Teigmischung gleichmäßig auf die Mitte der Pfirsichhälften verteilen. (Wenn nötig mit einem Löffel die Mulde vergrößern.)

4.    Jede Pfirsichhälfte in ein Förmchen legen und die ganze Form mit Alufolie abdecken. Im vorgeheizten Ofen 1 Stunde backen.

5.    Bei Zubereitung im Lagerfeuer jede Pfirsichhälfte einzeln in Backpapier und dann in Alufolie einwickeln. In der Nähe der heißen Kohlen garen. Häufig drehen. In die Päckchen hineinsehen. Wenn die Pfirsiche weich aussehen und sich Flüssigkeit gebildet hat, sind sie fertig.

**Variation:**    Wenn Sie die Haut nicht mögen, dann schälen Sie die Pfirsiche einfach und schneiden sie in Spalten. In jedes Papierförmchen etwa 5 Spalten geben. Den Teig darübergeben. Die ganze Form mit Alufolie abdecken und wie oben beschrieben backen.

# GEFRORENE PFIRSICHE

Haben Sie schon mal Pfirsiche eingeweckt? Ich finde das ziemlich schwierig für jemanden, der noch nie eingeweckt hat. Deswegen schlage ich Ihnen einen ganz einfachen und schnellen Weg vor, wie man die schönen Sommerpfirsiche haltbar machen kann. Durch Einfrieren!

Reife Pfirsiche, so viele Sie auf Vorrat haben möchten.
Sie müssen richtig reif sein, aber nicht matschig.
Außerdem sollten sich die Kerne leicht herauslösen lassen.

1.   Einen großen Topf mit Wasser bei mittlerer Hitze zum Kochen bringen. Dann jeweils 3–4 Pfirsiche gleichzeitig hineingeben. Den Topf nicht zu voll machen, damit sie gleichmäßig weich werden. Die Pfirsiche maximal 1–2 Minuten kochen, dabei mit einem Löffel vorsichtig bewegen.

2.   Mit einer Schaumkelle herausheben und in einer großen Schüssel mit kaltem Wasser abschrecken. Mit einem Messer die Haut der Pfirsiche leicht anritzen. Die Pfirsiche häuten.

3.   Den Pfirsiche mit einem Messer achteln. Der Kern löst sich dabei von selbst. Die Pfirsichscheiben auf einem Blech verteilen.

4.   Sobald ein Blech voll ist, in die Gefriertruhe stellen. Die Pfirsichscheiben gefrieren lassen, dann vom Blech nehmen und in Gefrierbeuteln einfrieren. Auf diese Weise kleben sie nicht aneinander und können später leicht portionsweise entnommen werden.

# PISTOU

Zuerst dachte ich ja, da hat jemand Pesto falsch geschrieben. Die Saucen sind sich tatsächlich ähnlich, aber in dieser hier gibt es keine Nüsse. Es ist praktisch, wenn man es für alle möglichen Sommer-gerichte zur Hand hat. Ich mache es mit Mörser und Stößel, weil ich gerne mit den Händen arbeite.

### ERGIBT 1 KLEINES GLAS

1 Pr Meersalz
1 Knoblauchzehe (oder 2, wenn Sie Knoblauch mögen)
2 Handvoll frische Basilikumblättchen
40 g Parmesan, fein gerieben
Olivenöl
1 Pr frisch gemahlener schwarzer Pfeffer

1.   Etwas Meersalz in den Mörser geben, den Knoblauch hinzufügen und mit dem Stößel zu einer Paste reiben.

2.   Das Basilikum mit der Paste verreiben.

3.   Den Parmesan nach und nach dazugeben. Etwas Olivenöl untermischen. Mit Pfeffer abschmecken. Es sollte eine dickflüssige, sehr grüne Paste entstehen, die köstlich schmeckt.

4.   Für die Aufbewahrung im Kühlschrank in ein Glas umfüllen, mit Olivenöl bedecken und ver-schließen. Es ist mehrere Tage haltbar, dunkelt oben aber eventuell etwas nach.

### Serviervorschlag:
Sie können Pistou in Nudelsaucen, auf Bru-schetta, im Kartoffelsalat, zu Auberginen-Türm-chen und in gegrillten Sandwiches verwenden.

TIPP: Wenn sie besonders viel Basilikum haben, machen sie ein-fach mehr und frieren es in Eis-würfelbehältern ein. Dann können sie sich jederzeit einen Würfel auftauen, wenn sie Nudeln machen.

# OFEN-TOMATEN

Diese Tomaten halten sich über eine Woche im Kühlschrank. Aber in meinem Haushalt ist es noch nie so weit gekommen. Sie werden immer noch warm vom Blech verspeist.

**ERGIBT ETWA 9 SCHEIBEN PRO TOMATE**

4 große reife Tomaten, in dünne Scheiben geschnitten
Meersalz
Frisch gemahlener schwarzer Pfeffer
Olivenöl

1. Den Ofen auf 110 °C vorheizen.

2. Ein Blech mit Backpapier belegen und die Tomatenscheiben darauf verteilen.

3. Mit etwas Meersalz und Pfeffer bestreuen. Mit Olivenöl beträufeln und im vorgeheizten Ofen etwa 2 Stunden und 20 Minuten backen. Sie sollten trocken aussehen und sich knusprig anfühlen. (Und ab in den Mund damit ...)

# ZUCKERSIRUP

Zuckersirup findet man im Sommer immer in meinem Kühlschrank. Er ist die Grundlage für alle Sommerklassiker wie Eis am Stiel, Eistees, Sorbets, Wassereis, Obstsalat und Mojito. Ich mache immer große Mengen, weil wir Sorbets lieben ... und ich liebe meinen Mojito. Ich verwende dafür Demerara-Zucker. Mit Kristallzucker ist er klar wie Wasser.

**ERGIBT 1 $\frac{1}{2}$ GLÄSER**

200 g Demerara-Zucker
240 ml Wasser

1. Die beiden Zutaten in einem Topf bei etwas mehr als mittlerer Hitze leicht zum Kochen bringen. Kräftig rühren, bis sich der Zucker komplett aufgelöst hat. Vom Herd nehmen und abkühlen lassen. Im Kühlschrank bis zum Gebrauch aufbewahren.

# SCHNELLE HEIDELBEERMARMELADE

Auch hier wollte ich sie nicht mit komplizierten Einweckverfahren und heißen Wasserbädern abschrecken. Deshalb zeige ich Ihnen jetzt, wie man jede Woche für seine Familie ganz einfach Marmelade kochen kann. Je nach Geschmack können Sie mehr oder weniger Zucker verwenden. Diese Marmelade ist im Kühlschrank etwa 2 Wochen haltbar ... wenn sie sich denn so lange hält. Verwenden Sie lieber frische Zitronen für Ihre Marmelade – ich liebe den echten Geschmack.

**ERGIBT 2 GLÄSER (480 ML)**

375 g frische Heidelbeeren
200 g Kristallzucker
Frisch gepresster Saft von 1/2 Zitrone
60 ml Apfelsaft
1/4 TL Zimt

1.   Alle Zutaten in einem großen Topf unter häufigem Rühren zum Kochen bringen.

2.   Sobald die Mischung stark kocht, die Hitze reduzieren und die Marmelade 5 Minuten leicht kochen lassen. Die Mischung sollte blubbern, nicht köcheln. Oft rühren.

3.   Nach 5 Minuten bildet sich an der Oberfläche Schaum. Mit einem Löffel den Schaum abheben.

4.   Die Marmelade in sterilisierte Gläser füllen und im Kühlschrank 2 Wochen aufbewahren.

### Variationen:

Für Himbeermarmelade ersetzen Sie die Heidelbeeren durch 360 g Himbeeren und lassen Apfelsaft und Zimt weg. Folgen Sie den Anweisungen von oben. Während des Kochens besonders aufpassen, da Himbeeren gerne am Topfboden festkleben. Ergibt 1 ½ Gläser (360 ml).

Für Erdbeer-Marmelade die Heidelbeeren durch 500 g Erdbeeren ersetzen, entstielen und vierteln. (Falls sie groß sind, ansonsten ganz lassen.) 60 ml Zitronensaft, dafür Apfelsaft und Zimt weglassen. Folgen Sie den Anweisungen von oben. Wenn Sie mögen, können Sie während des Kochens getrocknete Minze oder etwas schwarzen Pfeffer hinzufügen. Ergibt 2 Gläser.

TIPP: Ich verwende immer Bio-Zitronen, vor allem wenn ich die Schale verwende.

# HERBST

## FRÜHSTÜCK

Mini-Heidelbeer-Muffins
Pfannkuchen
Sonntags-Scones
Rührei mit … allem
Zucchini-Puffer mit Apfelsauce

## NACHSPEISEN

Marshmallows
Großmutters Küchlein
Vogelnest-Kekse
Apple Pie im Glas
Karamell-Äpfel

## HAUPTGERICHTE

Tomatensuppe
Risotto
Nudelauflauf
Kohlsuppe mit Huhn
Hühnchen-Pastete
Puten-Chili
Leckere Baguettes
Selbst gemachte Butter

## FÜR DEN VORRAT

Salzige Karamellsauce
Apfelsauce
Vanilleextrakt

Im Herbst schließen wir das Tor und sehen zu,
wie die Blätter draußen feuerrot werden.

# Ich liebe ... den Herbst!

Die Farm ist jetzt geschlossen. Wir können uns erholen und zu unserer Routine zurückkehren. Es ist eine tröstliche Jahreszeit und das Essen ist es auch. Im September ist es immer noch recht warm, aber die Nächte sind schon kalt. Speisekammer und Gefriertruhe sind bis oben hin gefüllt. Wir haben Heidelbeeren, Himbeeren und Erdbeeren eingefroren für Smoothies, zum Backen oder für einen schnellen Snack. Wir haben Tomaten, Pfirsiche und Apfelsauce eingemacht, weil das unsere Lieblinge sind.

Die Äpfel sind reif, also ist es Zeit für die Apfelsauce. Die schwarzen Bohnen sind geerntet, getrocknet, enthülst und eingelagert. Im Oktober wird der Knoblauch gepflanzt. Blätter werden zusammengerecht und als Mulch verwendet, um den Knoblauch im Winter zu schützen und die Gemüsebeete abzudecken.

Die Kräuter sind gesammelt und getrocknet – entweder durch Aufhängen oder im Dörrautomaten – Dill, Basilikum, Rosmarin, Thymian, Koriander und Lorbeer. Ich bewahre sie in Weckgläsern auf und beschrifte sie mit einem Filzstift. So kann Lily die Kräuter suchen, indem sie entweder Buchstaben oder Blattformen erkennt. Sie ist so stolz, wenn sie die richtigen Kräuter findet.

# MINI-HEIDELBEER-MUFFINS

Sie können diese Muffins natürlich auch normal groß machen. Dazu verwenden sie dieselbe Teigmenge, nehmen aber eine 12er-Muffinform. Für Kinder sind die kleinen einfach toll.

### ERGIBT 24 MUFFINS

200 g Weizenmehl
150 g Kristallzucker
2 TL Backpulver
1/2 TL Salz
60 ml pflanzliches Öl
60 ml Apfelsauce (Seite 128)
1 Ei
60 ml Milch
1 TL Vanilleextrakt
125 g frische oder gefrorene Heidelbeeren

### ZUM BESTREUEN:

2 TL Zimt
50 g Demerara-Zucker

1.    Den Ofen auf 190 °C vorheizen. Eine 24er-Muffinform leicht buttern oder Papierförmchen verwenden.

2.    Mehl, Zucker, Backpulver und Salz in einer großen Schüssel vermischen. In einer anderen Schüssel Öl, Apfelsauce, Ei, Milch und Vanilleextrakt mischen.

3.    Diese Mischung zu den trockenen Zutaten geben, dann die Heidelbeeren hinzufügen. Vorsichtig verrühren. Den Teig auf die Muffinförmchen verteilen.

4.    Zimt und Zucker in einer kleinen Schüssel vermischen. Jeden Muffin damit bestreuen.

5.    Die Muffins im vorgeheizten Ofen 15 Minuten backen.

# PFANNKUCHEN

Nichts bringt meine Tochter am Morgen so in Schwung wie Pfannkuchen. Dann deckt sie den Tisch schneller, als ich ein Ei aufschlagen kann. Wir bereiten immer eine große Menge der trockenen Zutaten vor. Ich lagere sie in verschließbaren Beuteln und schreibe das Rezept direkt darauf.

**ERGIBT 4 PORTIONEN À 6–8 STÜCK**

**FÜR DIE TROCKENMISCHUNG:**

565 g Weizenmehl
20 g plus 2 TL Backpulver
2 TL Salz
100 g Kristallzucker

**FÜR DIE FLÜSSIGE MISCHUNG:**

275 ml Milch
1 Ei
2 EL Butter, zerlassen

1. Alle trockenen Zutaten in einer Schüssel vermischen und in einem luftdichten Behälter aufbewahren.

2. Für die Pfannkuchen 200 g der Trockenmischung mit der flüssigen Mischung vermischen. Mit einer Gabel verquirlen, aber nicht zu fest schlagen.

3. Etwas zerlassene Butter mit einem Küchenpapier in der Pfanne verteilen. Mit einem Schöpflöffel Teig in die Pfanne geben – nach Belieben mal viel, mal wenig. (Manchmal schreibe ich mit einer Spritzflasche Wörter oder male Formen. Das bringt mir viele Pluspunkte ein.)

# SONNTAGS-SCONES

Das hier ist ein Grundrezept, das beliebig erweitert werden kann: mit gehackten Schoko-ladenstückchen, kandiertem Ingwer, Orangen- oder Zitronenschale, Zimt, Beeren …
Haben Sie bemerkt, Rosinen habe ich nicht erwähnt – die mag ich nicht so gern. Nor-malerweise mache ich eine Teigmenge und drei verschiedene Füllungen: mit Marme-lade, mit frischem Obst und mit Zimt. Wir lieben alle drei sehr!

**ERGIBT 8 STÜCK**

¼ TL Salz
1 EL Natron
40 g Backpulver
565 g Weizenmehl
160 g kalte Butter
100 g Kristallzucker, plus Zucker zum
     Bestreuen
240 g Crème double, plus Crème double
     zum Bepinseln
180 ml Milch
1 TL Vanilleextrakt

**ZUM FÜLLEN ODER
BESTREUEN:**

Zucker mit Zimt vermischt, zum
     Bestreuen
Frische oder gefrorene Früchte wie
     Pfirsiche, Heidelbeeren und
     Himbeeren
Marmeladen (Nehmen Sie die, die Sie im
     Sommer eingekocht haben.)

1.   Den Ofen auf 200 °C vorheizen. Ein Blech mit Backpapier belegen.

2.   Salz, Natron, Backpulver und Mehl in einer Schüssel vermischen. Die Butter mit einem Teigspatel oder den Fingern einarbeiten, bis die Butter-stückchen Erbsengröße haben. Den Zucker gründlich untermischen.

3.   Crème double, Milch und Vanilleextrakt mit einem Löffel oder einer Gabel so gut wie möglich unterarbeiten.

4.   Den Teig auf einer leicht bemehlten Arbeitsfläche behutsam einige Minuten kneten, bis die trockenen Zutaten aufgenommen sind. Den Teig zu einem Rechteck formen und mit einem sauberen Geschirrtuch abgedeckt 20 Minuten ruhen lassen.

5.   Etwas Mehl auf die Arbeitsfläche stäuben. Den Teig etwa 2 cm dick ausrollen. Die gewünschten Formen ausstechen. (Manche lieben Kreise, andere Quadrate oder Dreiecke. Ich mag unregelmäßige Formen, die wir-ken so schön rustikal.)

6.   Die ausgestochenen Formen vorsichtig horizontal durchschneiden. Wenn mit Marmelade gefüllt wird, in die Mitte eine Vertiefung drücken. Etwa 1 EL Marmelade hineinfüllen und nach Geschmack etwas frisches Obst darauf schichten. Anschließend den Deckel daraufklappen und die Ränder vorsichtig zusammendrücken. Wenn mit Pfirsich- oder Apfelscheiben oder Beeren gefüllt wird, braucht man keine Vertiefung. Einfach die zwei Hälften aufeinander drücken.

7.   Den Deckel mit Crème double bestreichen und mit Zucker und Zimt bestreuen. Die Scones auf das vorbereitete Blech setzen und im vorgeheiz-ten Ofen in 15 Minuten goldbraun backen. (Wenn sie etwas größer sind, dauert es 20 Minuten.)

# RÜHREI MIT ... ALLEM

Im Herbst geht es darum, alles zu verbrauchen, was der Garten noch hergibt. Das hier ist mein Vorschlag für faule Hühner.

## ERGIBT 2 PORTIONEN

3 Scheiben Tofu
1 EL Butter
Einige Zwiebelwürfelchen oder etwas
    Schnittlauch
1 große Handvoll Spinat oder Kohl
2 Eier (frisch aus dem Hühnerstall)
1 Handvoll Koriander, einige Zweige Dill,
    etwas Thymian
1 Pr Salz
45 g Cheddar oder mittelalter Gouda,
    gerieben

1.    Den Tofu in Stücke schneiden und in der Butter leicht braun braten.

2.    Die Zwiebelwürfelchen hinzufügen, dann Spinat oder Kohl dazugeben und weich dünsten.

3.    Eier, Schnittlauch (falls verwendet), Kräuter und 1 Pr Salz hinzugeben. Zuletzt den Käse zufügen und 1 Minute schmelzen lassen, dann genießen.

# ZUCCHINI-PUFFER MIT APFELSAUCE

Das hier ist eine weitere Möglichkeit, die letzten Zucchini zu verarbeiten. Aber, um ehrlich zu sein, essen wir sie sowieso das ganze Jahr hindurch. Dieses Rezept können sie nach Geschmack variieren – versuchen sie es mit Vollkornmehl oder geben sie Quinoa in den Teig.

**ERGIBT 4–6 PUFFER**

½ Zucchini, geraspelt und mit Küchenpapier trocken getupft
30 g Schalotte oder Lauch, klein gehackt (Zwiebel geht genauso)
1 Pr Salz und frisch gemahlener schwarzer Pfeffer
60 g Weizenmehl
1 Ei
90 g Cheddar oder mittelalter Gouda, gerieben
Butter oder Olivenöl, zum Anbraten
Apfelsauce (Seite 128)

1. Alle Zutaten in einer Schüssel vermischen. Den Teig in Portionen aufteilen und Puffer formen.

2. Die Zucchini-Puffer bei niedriger Temperatur mit etwas Butter oder Olivenöl in einer Pfanne braten, bis sie auf jeder Seite goldbraun sind. Die Puffer mit einem Pfannenwender flachdrücken, damit sie auch in der Mitte gar werden. (Sie brauchen länger als Pfannkuchen, also seien Sie geduldig und warten Sie, bis sie wirklich durch sind.)

3. Mit selbst gemachter Apfelsauce servieren.

TIPP: Die Zucchini-Puffer nach dem Braten auf einen Gitterrost legen. sie bilden beim Abkühlen Feuchtigkeit und können sonst leicht ihre Knusprigkeit verlieren.

# TOMATENSUPPE

Wenn sie im Sommer Tomaten eingemacht haben, dann ist das hier das perfekte Rezept dafür. Ansonsten verwenden sie die allerbesten Tomaten aus der Dose, die sie finden können, es macht wirklich einen Unterschied.

**ERGIBT 16 SCHÄLCHEN**

1 kleine Zwiebel, grob gehackt
60 g Butter
800 g Tomaten aus der Dose oder 1 kg selbst eingemachte Tomaten
1 große Handvoll frisches Basilikum
100 g Weizenmehl
1 l Milch
1,4 l Tomatensaft
100 g Kristallzucker
Salz und frisch gemahlener schwarzer Pfeffer

1.    Die Zwiebelstücke in einem großen Topf in der Butter andünsten. Wenn die Zwiebel weich ist, Tomaten und Basilikum hinzufügen. Einige Minuten kochen, bis alles gut erhitzt ist. Die Tomaten mit einem Löffel zerdrücken.

2.    In einer Schüssel Milch und Mehl verrühren (Klümpchen sind kein Problem, da das Ganze anschließend püriert wird.) Die Milchmischung in den Topf gießen. Kochen, bis alles eindickt, dann vom Herd nehmen. Die Suppe portionsweise im Mixer pürieren, bis sie ganz glatt ist.

3.    Zurück in den Topf gießen und den Tomatensaft dazugeben. Die Suppe wieder erwärmen und den Zucker einrühren  Mit Salz und Pfeffer abschmecken.

# RISOTTO

Die meisten Kinder mögen Reis. Und Risotto mögen sie, wenn sie ihnen sagen, dass das ein Reisbrei ist. Dazu etwas Crème fraîche oder Parmesan ... lecker! Ansonsten kann man auch ein paar Pilze dazu anbraten, aber da sind die meisten Kinder nicht so scharf drauf.

## ERGIBT 4 PORTIONEN

1,4 l Gemüsebrühe
1 Schalotte, gehackt
2 Knoblauchzehen, gehackt
Butter, zum Anbraten
Einige Thymianzweige oder 1 TL getrockneter Thymian
375 g Risotto-Reis
1 kleines Stück eingelegte Zitrone (Seite 153), ganz fein gehackt oder etwas geriebene Schale von 1 frischen Zitrone
½ Apfel, geschält und entkernt
1 Butternut-Kürbis, geschält, entkernt, in Stücken, gegart
Parmesan und Crème fraîche, zum Servieren (optional)

1.  Die Gemüsebrühe in einem großen Topf erwärmen.

2.  In einem anderen großen Topf Schalotte und Knoblauch in etwas Butter andünsten. Thymian, Risotto-Reis, Zitrone und Apfel hinzufügen. Gründlich verrühren.

3.  Den Topf auf niedriger bis mittlerer Hitze warmhalten und 1 Portion Gemüsebrühe (240 ml) hinzugeben. Rühren, bis der Reis alle Flüssigkeit aufgenommen hat, dann wieder Gemüsebrühe hinzufügen. Fortfahren, bis alle Gemüsebrühe aufgebraucht ist. Der Reis sollte dick und cremig sein. (Nicht fest und auch nicht flüssig, sondern genau dazwischen.) Die Kürbisstücke vorsichtig unterrühren.

4.  Jetzt nach Wunsch frisch geriebenen Parmesan – oder noch besser, einen großen Klacks Crème fraîche darübergeben.

TIPP: Ich gare den Kürbis früher am Tag im Ganzen im Ofen, dann ist das schon erledigt. Halbieren und in Backpapier sowie Alufolie wickeln.

# NUDELAUFLAUF

Dieses Rezept ergibt eine große Menge, die ich in kleinen Behältern für ein schnelles Mittagessen einfriere. Kinder mögen es am liebsten ganz einfach. Für mich darf es gerne auch etwas raffinierter sein mit Kräutern, Senf und ausgefallenen Käsesorten, aber das mag leider sonst niemand in der Familie.

**ERGIBT 8 KINDER-PORTIONEN ODER
    6 ERWACHSENEN-PORTIONEN**

500 g Makkaroni oder Fusilli
125 g Butter
60 g Weizenmehl
1,2 l fettarme Milch
270 g Cheddar oder mittelalter Gouda
180 g Fontina
90 g Emmentaler
Salz

**FÜR DIE KRUSTE:**

1 EL Butter
85 g Semmelbrösel

1.    Den Ofen auf 180 °C vorheizen. Die Makkaroni oder Fusili in einem großen Topf mit kochendem Salzwasser garen.

2.    Die Butter in einem Topf zerlassen, das Mehl gründlich unterrühren. Etwas Milch hinzufügen und glatt rühren. Nach und nach die Milch dazugießen, bis die Sauce glatt und ohne Klümpchen ist. Dann die drei Käsesorten hineingeben und rühren, bis sie geschmolzen sind.

3.    Die gekochten Nudeln in eine Auflaufform geben (23 × 33 cm). Die Käsesauce darübergießen.

4.    Für die Kruste die Butter in einer Pfanne zerlassen. Die Semmelbrösel darin leicht braun rösten. Die knusprigen Semmelbrösel über die Nudeln streuen und im vorgeheizten Ofen etwa 20 Minuten überbacken. Die Sauce sollte Blasen werfen und gut durcherhitzt sein.

# KOHLSUPPE MIT HUHN

Ich kann Ihnen gar nicht sagen, wie froh ich war, als meine Tochter verkündete, dass sie diese Suppe mag. In ihr stecken so viele gesunde Zutaten und sie ist an einem verregneten Tag die perfekte Antwort auf die Frage: „Was gibt es zum Essen?"

**ERGIBT 5–6 PORTIONEN**

1 kleine Zwiebel, fein gehackt
2 EL Butter
2,4 l Gemüsebrühe
2 Karotten, geputzt, in Scheiben geschnitten
2 kleine Lorbeerblätter
1/2 TL getrockneter Thymian oder 2 TL frischer Thymian
125 g Reis oder 250 g Nudeln
45 g Quinoa (Ich finde das rote Quinoa hier am besten.)
Salz und frisch gemahlener schwarzer Pfeffer
1/2 Kohlkopf, grob gehackt
1 ganzes Brathähnchen (entweder am Vortag gebraten
    oder fertig auf dem Markt gekauft), das Fleisch
    abgelöst und in grobe Stücke geschnitten

1.  Die Zwiebel in der Butter weich dünsten. Gemüsebrühe, Karotten, Lorbeer, Thymian, Reis oder Nudeln und Quinoa hinzufügen. Zum Kochen bringen, die Hitze reduzieren und die Suppe etwa 25 Minuten köcheln.

2.  Mit Salz und Pfeffer abschmecken, dann den gehackten Kohl dazugeben. Einige Minuten kochen, bis der Kohl durch ist.

3.  Die Hühnerfleischstücke hinzufügen und in der Suppe erwärmen.

VARIATION: Um diese Suppe noch leckerer zu machen, mit frisch geriebenem Parmesan bestreuen.

# HÜHNCHEN-PASTETE

*Blätterteig ist einfach großartig. Wenn es bei uns diese Pastete gibt, lockt sie wirklich jeden an den Tisch. Für dieses Rezept verwende ich ein ganzes Brathähnchen. Sie können es entweder selber braten oder – wie ich – fertig auf dem Markt kaufen.*

**ERGIBT 2 PASTETEN (DURCHMESSER 20 CM)**

2 Lauchstangen
60 g Butter
2 Knoblauchzehen, gehackt
2 TL Ingwer, frisch gerieben
1 TL Salz
1 TL rote Currypaste (nach Geschmack auch mehr)
1 TL gemahlener Kreuzkümmel
2–3 Lorbeerblätter (je nach Größe)

425 g Kokosmilch aus der Dose
1 Brathähnchen aus Freilandhaltung, das Fleisch abgelöst und in grobe Stücke geschnitten
425 g grüne Bohnen aus der Dose, abgegossen
1 Kohlrabi, geschält, blanchiert und in kleine Stücke geschnitten
40 g frischer Koriander, gehackt
(Wenn Sie Koriander nicht mögen, lassen Sie ihn weg. Sie können stattdessen immer auch eine Handvoll Spinat, Kohl oder Mangold verwenden.)
1 Packung Blätterteig, aufgetaut

1. Den Ofen auf 200 °C vorheizen.

2. Den Lauch in Ringe schneiden und alles Weiße und den Beginn des Grünen verwenden. Die Lauchringe in einem großen Topf in der Butter weich dünsten. Den Knoblauch hinzufügen und ein paar Minuten mitdünsten.

3. Ingwer, Salz, Currypaste, Kreuzkümmel und Lorbeer hinzufügen. Ein paar Minuten dünsten, bis sich die Currypaste gleichmäßig verteilt hat. Die Kokosmilch dazugießen und einige Minuten köcheln.

4. Hühnchenstücke, Kohlrabi und Koriander dazugeben. Gründlich vermischen, dann vom Herd nehmen.

5. Die Füllung auf zwei Auflaufformen aufteilen. Den Blätterteig auf einer leicht bemehlten Arbeitsfläche ausrollen, in Form schneiden und damit die beiden Formen abdecken.

6. Im vorgeheizten Ofen 25 Minuten backen, bis die Pasteten goldbraun sind.

TIPP: Dieses Rezept entstand ganz zufällig. Ich hatte das eigentliche Rezept nicht genau gelesen und ... es funktionierte trotzdem. Und dabei herausgekommen ist diese Pastete!

# PUTEN-CHILI

Dieses Gericht ist perfekt, um es sich damit an einem kalten Herbstabend gemütlich zu machen. Lily und ich suchen die Zutaten dafür zusammen. Dazu gehören: Käse, Tacos, Koriander, Speck, Quinoa und saure Sahne. Außerdem brauchen wir dafür ein Bier von Papa…

## ERGIBT 8 PORTIONEN

1 süße Zwiebel, fein gehackt
2 Knoblauchzehen, zerdrückt
2 EL Butter
1 kg Putenhackfleisch
2 TL Salz
1 Flasche dunkles Bier
400 g passierte Tomaten
400 g weiße Bohnen aus der Dose, abgetropft
240 g gefleckte Pintobohnen aus der Dose, abgetropft
1 TL Currypulver
1/4 TL gemahlener Ingwer
140 g flüssiger Honig
2 kleine rote Chilischoten (Wenn Sie es schärfer mögen, können Sie auch mehr verwenden.)

1.  Zwiebeln und Knoblauch in der Butter in einem großen Topf dünsten, bis sie weich, aber nicht braun sind.

2.  Das Putenhackfleisch in einem anderen Topf braun braten. Überschüssiges Fett abgießen und das Fleisch zu den Zwiebeln geben.

3.  Die übrigen Zutaten in den Topf geben und gründlich verrühren. Unter ständigem Rühren zum Kochen bringen. Die Hitze reduzieren und das Chili etwa 30 Minuten köcheln lassen, häufig umrühren.

4.  In verschiedenen Schälchen zusätzliche Zutaten servieren, so dass sich jeder nach Geschmack bedienen kann: geriebener Käse, gehackte Frühlingszwiebeln, Nachos, saure Sahne, Speck, Koriander (Ich mag es ja auch mit Quinoa …)

# LECKERE BAGUETTES

Für diese Baguettes verwende ich nur vier Zutaten, aber sie schmecken einfach wunderbar, wenn sie warm aus dem Ofen kommen. Wirklich wunderbar!

**ERGIBT 4 STÜCK**

565 g Mehl Type 550
1 TL Salz
400 ml warmes Wasser (Eventuell brauchen Sie 2 TL mehr, wenn der Teig zu trocken erscheint.)
2 TL Trockenhefe

1.    Für den Teig den Anleitungen für Brotteig von Seite 34 folgen.

2.    Den Teig vierteln. Es werden 4 gleich große Teigstücke benötigt. Den Teig jeweils von außen nach innen zusammenfalten und mit den Fingern in der Mitte fest zusammendrücken. Auf diese Weise sollte allmählich eine längliche Baguette-Form entstehen.

3.    Die Baguettes auf ein mit Backpier belegtes Blech legen. (Eventuell brauchen Sie dafür 2 Bleche.) Nochmals mit dem Geschirrtuch abdecken und 1 weitere Stunde gehen lassen.

4.    Den Ofen auf 230 °C vorheizen. Zwei Baguettes gleichzeitig backen, falls nicht alle vier auf ein Blech passen. Im vorgeheizten Ofen 10 Minuten backen, bis die Baguettes tiefgolden sind. Wenn sie zu hell bleiben, sind sie eventuell innen nicht wirklich durch. Gegen den Boden der Baguettes klopfen. Wenn es hohl klingt, sind sie fertig.

# SELBST GEMACHTE BUTTER

Wenn sie ihr Brot selbst backen, dann gehen sie doch noch einen Schritt weiter und machen auch ihre eigene Butter, selbst wenn es nur einmal ist, um ihre Freunde zu beeindrucken oder ihren Kindern zu zeigen, wie es gemacht wird.

## ERGIBT 1 SCHÄLCHEN VOLL

480 g Schlagsahne
1/8 TL Meersalz (optional)

1.   Die Sahne in die Schüssel der Küchenmaschine gießen und bei mittlerer Geschwindigkeit mit dem Schneebesen schlagen. Sobald sie beginnt, einzudicken, die Geschwindigkeit erhöhen. Eventuell ab und zu unterbrechen, um die Wände der Schüssel abzukratzen. Die Sahne wird zuerst eindicken und sich dann in Fett und Flüssigkeit trennen. Das dauert ungefähr 15 Minuten.

2.   Die Flüssigkeit, die sich von den Butterklümpchen trennt, ist Buttermilch. Sie können sie aufbewahren und für die Zubereitung von Waffeln oder Pfannkuchen verwenden.

3.   Die Buttermilch abgießen und die Butterklumpen in einige Lagen Mulltuch hüllen. Unter fließendem kalten Wasser sanft drücken und kneten. Auf diese Weise soll alle Buttermilch herausgepresst werden.

4.   Die Butter kann pur verzehrt oder mit etwas Meersalz leicht gesalzen werden. Dazu eine Mulde in die Butter drücken, Salz hineinstreuen und dann die Butter sanft kneten, so dass auf diese Weise das Salz eingearbeitet und verteilt wird. Auch Kräuter, getrocknete Tomaten oder Knoblauch können so eingearbeitet werden. Die Butter ist im Kühlschrank 5 Tage haltbar.

TIPP: Beim Buttermachen nicht von der Küchenmaschine weggehen und auch nicht anfangen zu träumen ... sobald sich die Butter trennt, verteilt sich ansonsten nämlich die Buttermilch in der ganzen Küche. So hat man mir jedenfalls gesagt. Es ist nicht so, dass mir das zweimal hintereinander passiert wäre ...

# MARSHMALLOWS

Wenn Sie noch nie Marshmallows selbst gemacht haben, dann ist es ein absolutes Muss! Sie sind wirklich einfach zu machen und sehr lecker. Sie können sie mit Geschmacksrichtungen wie Erdbeer oder Kokosnuss verfeinern oder in Schokolade tauchen. Hier bei uns in Kanada brauchen wir sie vor allem für unsere geliebten „s'Mores" (some more! – mehr!). Die bestehen aus einem gegrillten Marshmallow, einem Vollkornkeks und einem Stück Schokolade. Damit die Schokolade zwischen Keks und Marshmallow schmilzt, schmelze ich sie vorher schon und streiche sie auf den Keks.

**ERGIBT 48 STÜCK**

3 Pck. Gelatinepulver
240 ml kaltes Wasser
200 g Kristallzucker
200 g Glukosesirup
¼ TL Salz
2 TL Vanilleextrakt
275 g Puderzucker, als Trennmittel

1. Die Gelatine mit 120 ml Wasser in die Küchenmaschine geben. Etwa 15 Minuten stehen lassen.

2. In einem Topf das restliche Wasser mit Zucker, Glukosesirup und Salz vermischen und unter ständigem Rühren zum Kochen bringen. Sobald die Flüssigkeit richtig kocht, die Hitze leicht reduzieren und den Sirup 2 Minuten kochen lassen. Die heiße Mischung zu der Gelatine in die Küchenmaschine gießen. Bei hoher Geschwindigkeit 10 Minuten schlagen – die Masse wird gegen Ende sehr dickflüssig werden. Sobald sie sehr dickflüssig ist, den Vanilleextrakt hinzufügen und 1 weitere Minute schlagen.

3. Während die Marshmallows geschlagen werden, eine Auflaufform (12 × 33 cm) vollständig mit Frischhaltefolie auskleiden. Die Folie gründlich mit pflanzlichem Öl einfetten. Jetzt einen Teigspatel und ein Messer mit Öl einreiben. Sobald die Marshmallowmasse fertig ist, auch die Hände mit Öl einreiben.

4. Die Marshmallowmasse mit dem Teigspatel aus der Küchenmaschine möglichst gleichmäßig in die vorbereitete Form streichen. 2–3 Stunden stehen lassen, bis die Masse fest wird.

5. Anschließend mit dem geölten Messer in Streifen, dann in Stücke schneiden. (Sie können ganz nach Wunsch groß oder klein sein.) Jedes Stück von allen Seiten in Puderzucker wälzen. Das verhindert, dass sie an allem, mit dem sie in Kontakt kommen, festkleben.

6. Jetzt sind die Marshmallows bereit für eine Tasse selbst gemachten Kakao (Seite 69) oder ein Lagerfeuer.

# GROSSMUTTERS KÜCHLEIN

Vor gut 40 Jahren bekam mein Mann diese Küchlein manchmal nach der Schule als Belohnung von seiner Mutter. Und heute backe ich sie aus demselben Grund für meine Tochter. Das sind genau die Leckereien, für die sie die Freunde Ihrer Kinder lieben ... Man muss sie unbedingt direkt warm aus dem Ofen servieren. Das geht gar nicht anders.

**ERGIBT 24 STÜCK**

60 g weiche Butter, plus zum Einfetten
6 EL Kristallzucker
1 Ei
½ TL Vanilleextrakt
80 ml Milch
⅓ TL Salz
¼ TL gemahlene Muskatnuss
170 g Weizenmehl
2 TL Backpulver

**ZUM SERVIEREN:**

50 g Kristallzucker
1½ TL Zimt
115 g Butter, zerlassen

1.  Den Ofen auf 180 °C vorheizen. Eine 12er-Muffinform einfetten.

2.  Butter und Zucker in einer Schüssel schaumig rühren. Ei, Vanilleextrakt und Milch unterrühren.

3.  Salz, Muskat, Mehl und Backpulver in einer anderen Schüssel vermischen. Nach und nach die trockenen Zutaten zu der flüssigen Mischung geben. Gründlich verrühren, dann die Muffinmulden zur Hälfte mit dem Teig füllen. Im vorgeheizten Ofen 10–12 Minuten backen.

4.  Während die Küchlein backen, Zucker und Zimt in einem Schälchen mischen und die zerlassene Butter in ein weiteres Schälchen füllen.

5.  Sobald die Küchlein aus dem Ofen kommen, diese einzeln in die Butter tauchen und anschließend in Zimtzucker wälzen. Sofort essen!

# VOGELNEST-KEKSE

Diese Kekse erinnern mich immer an meine Großmutter, obwohl sie nie von ihr gebacken wurden. Sie hat immer fertige Kekse gekauft ... Bei diesen Keksen ist die Marmelade entscheidend, daher verwenden Sie die allerbeste, die Sie kriegen können.

**ERGIBT 25 STÜCK**

260 g Weizenmehl
$1/2$ TL Salz
$1/2$ TL Backpulver
225 g weiche Butter
50 g Kristallzucker
1 Eigelb
$1^1/2$ TL Mandelextrakt
80 g Mandelplättchen, mit der Hand zerdrückt
1 Glas Marmelade (Wir verwenden unsere eigene Himbeermarmelade.)

1.   Den Ofen auf 180 °C vorheizen. Ein Blech mit Backpapier belegen.

2.   Mehl, Salz und Backpulver in einer Schüssel vermischen. In einer anderen Schüssel Butter und Zucker schaumig rühren, dann Eigelb und Mandelextrakt unterrühren. Die Mehlmischung zur Butter geben und gut rühren.

3.   Golfballgroße Teigkugeln formen und in den Mandeln wälzen. Jeweils in die Mitte eine Mulde drücken, aber noch nicht mit Marmelade füllen. (Ich mache die Mulden immer extra groß.)

4.   Die Kekse im vorgeheizten Ofen 5 Minuten backen, dann herausnehmen. Jetzt in jede Mulde etwa 1 gehäuften TL Marmelade füllen (So viel Sie hineinkriegen.)

5.   Zurück in den Ofen schieben und 12–14 Minuten backen, bis die Kekse leicht braun sind.

# APPLE PIE IM GLAS

Jahrelang hatte ich mit Apple-Pie-Rezepten gekämpft. Die Füllung gelang mir nie richtig. Die Äpfel waren nicht durch oder der Teig war zu dunkel ... grrr. Aber jetzt weiß ich endlich, wie es funktioniert! So süß sie in den kleinen Einweckgläsern aussehen – man kann auch einfach eine ganz normale Pie machen. Aber mit den Gläsern sind Ihnen begeisterte „Oohs!" und „Aahs!" sicher.

**ERGIBT 8 GLÄSER (125 ML) ODER
   1 GROSSE PIE
   (SIEHE VARIATION GEGENÜBER)**

1 Portion Pie-Teig (Seite 48)

**FÜR DIE FÜLLUNG:**

6 Äpfel, geschält, entkernt, in dünne Scheiben
   geschnitten
120 ml Apfelsaft
75 g Kristallzucker
   (Die genaue Menge hängt von der Süße Ihrer
   Apfelsorte ab.)
¼ TL Salz
1 TL Zimt
¼ TL gemahlene Nelken
1 Pr gemahlene Muskatnuss
30 g Butter
3 EL Weizenmehl
Sahne und Zucker, zum Bestreichen

1.   Den Ofen auf 220 °C vorheizen.

2.   Wenn kleine Einweckgläser verwendet werden, müssen die Apfelscheiben noch halbiert werden, damit sie in die Gläser passen. Apfelscheiben und Apfelsaft in einem Topf zum Kochen bringen und unter häufigem Rühren 10 Minuten köcheln lassen.

3.   Zucker, Salz, Gewürze und Butter dazugeben und gut rühren. Das Mehl dazugeben und gut rühren, bis die Masse eindickt.

4.   Die Apfelfüllung jeweils zu drei Vierteln in die Einweckgläser füllen – es sollte etwa 8 Gläser ergeben.

5.   Den Pie-Teig wie auf Seite 48 zubereiten, aber 3 mm dick ausrollen. Das obere Backpapier abziehen und etwas Mehl auf den Teig streuen. Den Teig umdrehen und auf die leicht bemehlte Arbeitsfläche legen. Dann auch das andere Papier abziehen. Wenn der Teig klebrig erscheint, etwas Mehl darüberstäuben. Mit einem Einweckglas aus dem Teig Kreise ausstechen. Je einen Teigkreis auf die Gläser legen und die Ränder festdrücken. Den Teig mit Sahne bestreichen und mit Zucker bestreuen. Die Gläser auf ein Blech stellen.

6.   Im vorgeheizten Ofen 10 Minuten backen, dann die Temperatur auf 180 °C reduzieren und weitere 15 Minuten backen.

VARIATION: Wenn sie lieber eine große Pie machen, rollen sie den Teig für Boden und Deckel für eine Form mit 20 cm Durchmesser aus. Den Boden in die Form legen. Darauf die Füllung verteilen und mit dem Deckel zudecken. Einige Schlitze in den Deckel schneiden, damit der Dampf entweichen kann. Dann den Deckel mit Sahne bestreichen und mit Zucker bestreuen. Im vorgeheizten Ofen bei 220 °C etwa 10 Minuten backen. Dann die Temperatur auf 180 °C reduzieren und weitere 25 Minuten backen.

# KARAMELL-ÄPFEL

Ich habe nie gerne Äpfel gegessen. Aber in einem Mantel aus köstlichem Karamell ... Ich habe mich an einem einfachen, aber überaus leckeren Rezept orientiert. Sie brauchen dafür ein Zuckerthermometer.

## ERGIBT 6 STÜCK

240 g Crème double
100 g Kristallzucker
250 g heller Zuckerrüben- oder Maissirup
115 g Butter
1 TL Vanilleextrakt
6 dünne Zweige aus dem Garten (als Stiel)
6 Äpfel, gewaschen

## ZUM VERFEINERN (OPTIONAL):

Gehackte Nüsse, Smarties, Mini-Marshmallows, geschmolzene Schokolade

1.   Crème double, Zucker und Zuckerrüben- oder Maissirup in einem großen Topf zum Kochen bringen. Die Hitze reduzieren, aber weiter kochen – die Temperatur sollte 118 °C betragen. Den Topf vom Herd nehmen und das Karamell 1–2 Minuten ruhen lassen. Butter und Vanille-extrakt hinzufügen und gründlich rühren.

2.   Die Zweige in die gewaschenen Äpfel ste-cken. Die Äpfel nacheinander im Karamell drehen. Nach Wunsch in gehackte Nüsse oder andere Extras tauchen. Auf Backpapier abkühlen lassen. Sobald die Äpfel kalt sind, nach Wunsch mit geschmolzener Schokolade beträu-feln.

TIPP: Wenn von dem Karamell etwas übrig bleibt, können Sie es auf Backpapier gießen. Etwas Schokolade schmelzen und darübergießen. Gehackte Nüsse nach Wahl darüberstreuen. (Pistazien sind lecker.) Abkühlen lassen und in Stücke schneiden.

# SALZIGE KARAMELLSAUCE

*Nehmen Sie die Karamellsauce und fügen Salz hinzu ... das ist für mich der Himmel – zu Eiscreme, über Kuchen, um Äpfel einzutauchen. Am liebsten esse ich sie ... auf einem Löffel. Und noch einen, und noch einen, und noch einen.*

## ERGIBT 200 ML SAUCE

115 g Butter
50 g Demerara-Zucker
50 g Kristallzucker
85 g heller Zuckerrüben- oder Maissirup
120 g Crème double
¼ TL Salz (Ich nehme pinkfarbenes Himalaya-Salz.)

1. Alle Zutaten in einem Topf verrühren und zum Kochen bringen. Die Temperatur reduzieren und alles 5 Minuten kochen lassen. Die Sauce ist fertig.

2. Etwas abkühlen lassen. (Sonst verbrennen Sie sich die Zunge. Hab ich mir jedenfalls sagen lassen. Ich gehöre doch nicht zu den Leuten, die heiße Karamellsauce direkt aus dem Topf schlecken! Na gut, gehöre ich doch.)

3. Warm servieren oder in einem Glas im Kühlschrank aufbewahren. Im Kühlschrank dickt die Sauce ein, kann aber in der Mikrowelle in ein paar Sekunden wieder flüssig gemacht werden.

# APFELSAUCE

Eine einfache Möglichkeit, etwas zu konservieren. Wir verdoppeln oder verdreifachen die Menge und frieren die Sauce in kleinen verschließbaren Beuteln je etwa 300g ein. Wir machen ganz verschiedene Sorten: ungesüßt, gesüßt, mit Zimt, mit Heidelbeeren und mit Nelke.

**ERGIBT 3 GLÄSER (INSGESAMT 870 G) SAUCE**

5 Äpfel (Wir verwenden unsere eigenen Äpfel, die relativ süß sind.)
240 ml Apfelsaft
50 g Kristallzucker (Den Zucker können Sie weglassen, wenn die Äpfel sehr süß sind. Ansonsten können Sie später noch nachsüßen.)
½ TL Zimt (optional)

1.    Die Äpfel schälen, entkernen, in Stücke schneiden und in einen großen Topf geben.

2.    Den Apfelsaft hinzugießen und zum Kochen bringen. Dann die Hitze reduzieren, so dass alles leicht kocht.

3.    Etwa 20 Minuten kochen. Nach Wunsch Zucker und Gewürze hinzufügen. (Und fertig ist die Apfelsauce.)

# VANILLEEXTRAKT

Seit Jahren kaufe ich keinen Vanilleextrakt mehr. Er geht ganz einfach und ist außerdem ein schönes Geschenk für Weihnachten, und jetzt ist der perfekte Zeitpunkt für die Zubereitung, da er ein paar Monate ziehen sollte.

**ERGIBT 1 GLAS**

3–4 Vanilleschoten
Wodka

1.    Die Vanilleschoten aufschlitzen und in ein verschließbares Glas geben.

2.    Wodka darübergießen und bis oben hin auffüllen. Fest verschließen und schütteln. (Fertig. War das nicht lächerlich einfach?)

3.    Alle paar Tage schütteln. Nach 6–8 Wochen hat die Flüssigkeit eine dunklere Farbe angenommen und sich zu einem intensiven Vanilleextrakt entwickelt, den man gut zum Backen verwenden kann. Wenn er zur Neige geht, einfach wieder Wodka nachgießen und eventuell eine neue Vanilleschote hinzugeben.

TIPP: Sie können dafür jedes beliebig große Glas verwenden. Mein Glas auf dem Bild enthält etwa 350 ml. Für ein größeres Glas einfach mehr Vanilleschoten verwenden.

# WINTER

## FRÜHSTÜCK
Brotauflauf
Frühstück zum Mitnehmen
Muffins

## NACHSPEISEN
Honigkuchen
Makronen
Reispudding mit Kardamom
Mini-Marmeladen-Pies

## HAUPTGERICHTE
Gebackene Bohnen mit Salsa
Lasagne mit frischem Nudelteig
Piroggen
Panierte Hühnerbruststreifen
Auberginen mit Parmesan

## FÜR DEN VORRAT
Süße Brotchips
Eingelegte Zitronen
Heidelbeersirup
Hundekekse
Knoblauchbrei für Hühner

Im Garten schläft alles.

Unsere verschneite Welt ist ganz still.

# Ich liebe ... den Winter!

Unsere Winter hier in Vancouver, British Columbia, sind sehr nass und frostig kalt. Es schneit nur selten, aber ab und zu haben auch wir ein verschneites Winterwunderland. Was wäre an einem stürmischen, nassen Tag passender als ein nostalgischer Haferbrei mit Leinsamen, zerdrückten Bananen und Knoblauch! Keine Sorge, ich rede von einem Knoblauchbrei für Hühner. Die Hühner lieben ihn, außerdem ist Knoblauch großartig für ihre Gesundheit und ihr Immunsystem, und der Brei wärmt sie angenehm von innen heraus.

Für Oliver, unseren Hund, backen wir Kekse. Er liebt sie sehr, aber wenn man ehrlich ist, dann frisst er einfach alles – einschließlich unserer Gummistiefel. Er ist nicht wählerisch, aber ich weiß, dass viel Gutes in den Keksen steckt. Außerdem macht es Lily glücklich, ihm etwas Besonderes zu backen, und darum geht es doch.

Jetzt können sie zu Weihnachten ihren selbst gemachten Vanilleextrakt verschenken. Und sie können Zitronen einlegen, die sie dann das Jahr über verwenden können. Machen sie nur auch gleich ein Glas für eine Freundin mit. sie sehen hübsch aus und sind einfach köstlich.

# BROTAUFLAUF

Sie wissen ja bereits, dass wir French Toast lieben, deswegen kommt hier eine weitere Variante davon. Man kann daraus einen Brotauflauf mit Rumsauce machen. Der passt zum Frühstück oder als Dessert oder – wie in meinem Fall – immer. Man kann den Auflauf schon am Vortag zubereiten und dann am Morgen backen oder ihn am Morgen zubereiten und dann während des Abendessens als warme Nachspeise backen.

## ERGIBT 6 PORTIONEN (MIT SPIELRAUM FÜR EINEN NACHSCHLAG)

1 EL Butter, für die Form
1 Kastenweißbrot
8 Eier
700 ml Milch
240 g Crème double
200 g Kristallzucker
¼ TL gemahlene Nelken
1 TL Zimt
1 EL Vanillepaste oder 2 TL -extrakt
¼ TL Salz

## FÜR DIE RUMSAUCE (OPTIONAL):

2 EL Butter
1 EL Speisestärke
125 ml Milch
125 g Crème double
⅛ TL Salz
100 g Kristallzucker
30–60 ml Rum (Das hängt davon ab, wie gerne Sie Rum mögen!)

1. Den Ofen auf 180 °C vorheizen. Eine Auflaufform (23 × 33 cm) buttern.

2. Das Weißbrot in Stücke reißen und in die Form füllen. In einer Schüssel Eier, Milch, Crème double, Zucker, Gewürze, Vanillepaste oder -extrakt und Salz kräftig schlagen, dann über das Brot gießen.

3. Wenn erst später gebacken wird, die Form mit einer Frischhaltefolie abdecken und im Kühlschrank aufbewahren. Auch wenn gleich gebacken wird, den Auflauf mindestens 1 Stunde stehen lassen, damit das Brot die Flüssigkeit aufsaugen kann.

4. Im vorgeheizten Ofen 40–45 Minuten backen, bis sich der Auflauf golden färbt. Mit Ahorn- oder Heidelbeersirup (Seite 154) zum Frühstück servieren. Oder:

5. Als Dessert mit Rumsauce servieren. Dazu die Butter in einem Topf schmelzen und die Speisestärke einrühren. Milch, Crème double, Salz und Zucker hinzufügen. Kräftig rühren, bis die Flüssigkeit etwas eindickt. Den Rum unterrühren. Warm über den Auflauf gießen und servieren.

# FRÜHSTÜCK ZUM MITNEHMEN

*Ich nenne das mein „Reisefrühstück". Eigentlich ist es ein ganz normales Frühstück, getarnt als „Muffin to go".*

**ERGIBT 6 MUFFINS**

2 Scheiben Weißbrot
6 Speckstreifen, gebraten, in Stückchen gebrochen (Man kann sie schon
    am Vortag zubereiten, aber sie sollten unbedingt knusprig sein.)
90 g Cheddar oder mittelalter Gouda, gerieben
4 Eier
60 ml Milch oder Sahne

**1.**   Den Ofen auf 180 °C vorheizen. Eine 6er-Muffin-form mit Papierförmchen auskleiden.

**2.**   Brotstücke, Speckstückchen und Käse in einer Schüssel gründlich vermischen. Die Mischung in die Muffinförmchen füllen.

**3.**   Eier und Milch oder Sahne in einer Schüssel ver-mischen und über die Brotmischung in den Förm-chen gießen. Nach Wunsch mit etwas geriebenem Käse bestreuen.

**4.**   Im vorgeheizten Ofen etwa 15 Minuten backen, bis das Ei fest ist. Und los geht's!

VARIATION: Einen Spritzer scharfe Sauce oder ein paar angebratene Zwiebeln vor dem Backen darübergeben.

# MUFFINS

Das hier ist ein ausgesprochen nützliches Rezept. In diese Muffins können sie einfach alles hineinmischen – Nüsse, Beeren, Kürbiskerne, Trockenobst, Schokostreusel, Ananas ... Es ist ein „Was-gerade-da-ist-Muffin".

## ERGIBT 18 STÜCK

340 g Weizenmehl
200 g Kristallzucker
1 TL Backpulver
1/2 TL Salz
2 TL Natron
40 ml Kokosöl
125 ml pflanzliches Öl
3 Eier
1 Banane, zerdrückt
240 g Apfelsauce (gekauft oder selbst gemacht, siehe Seite 128)
2 TL Vanilleextrakt
135 g Karotten, geraspelt
160 g Schokostreusel
125 g Himbeeren, frisch oder gefroren
70 g Datteln, gehackt

1. Den Ofen auf 180 °C vorheizen. Eine oder zwei Muffinformen mit 18 Papierförmchen auskleiden.

2. Mehl, Zucker, Backpulver, Salz und Natron in einer Schüssel gründlich verrühren.

3. Kokosöl, pflanzliches Öl, Eier, Banane, Apfelsauce und Vanilleextrakt in einer anderen Schüssel gut vermischen. Die trockenen und feuchten Zutaten zusammenrühren.

4. Karottenraspel, Schokostreusel, Himbeeren und Datteln dazugeben. Vorsichtig unterheben, damit die Beeren nicht zerdrückt werden.

5. Die Förmchen ganz mit Teig füllen, dann im vorgeheizten Ofen etwa 25 Minuten backen. Mit einem Zahnstocher testen, ob sie fertig sind: Wenn kein Teig mehr kleben bleibt, sind sie fertig. Wenn nicht, weitere 5–10 Minuten backen.

# GEBACKENE BOHNEN MIT SALSA

Meine Tochter liebt gebackene Bohnen aus einem Schüsselchen mit Toast. Meine Schwägerin serviert sie ihren Kindern auf Linsen und ich mag sie am liebsten in Tortilla mit Salsa. Oder in meinem Hot Dog (Habe ich das wirklich gerade geschrieben?) Außerdem ist auch das ein Gericht, das sich gut einfrieren lässt für hektische Tage, an denen man nicht auch noch kochen will.

### ERGIBT 6 PORTIONEN
**(MEHR, WENN MAN SIE IN WRAPS ALS BURRITO SERVIERT)**

1 kleine Schalotte
1 Knoblauchzehe
400 g Tomaten, stückig oder ganz, aus der Dose
1 TL Salz
50 g Demerara-Zucker
70 g Melasse
7–8 Speckstreifen, gebraten und klein geschnitten
3x 400 g Bohnen aus der Dose, abgegossen: weiße Bohnen, Cannellini-Bohnen, Riesenbohnen
3 EL Butter
1 Portion Tortillas (Seite 62), zum Servieren

### FÜR DIE SALSA:

(Ich verwende diese Salsa auch für Nachos, Burritos und Quesadillas.)
1 Avocado, geschält, entsteint, in Stücke geschnitten
1/2 rote Zwiebel, fein gehackt
2 frische Tomaten, gewürfelt
Frisch gepresster Saft von 1 Limette und 1 Pr frisch geriebene Schale
1 Handvoll Koriander, frisch gehackt
1 Pr Salz
1–2 frische grüne Chili, ohne Samen, fein gehackt (optional)

1.    Den Ofen auf 180 °C vorheizen.

2.    Schalotten, Knoblauch und Tomaten in einem Mixer glatt pürieren. Salz, Zucker und Melasse hinzugeben und nochmals pürieren.

3.    Die zerkleinerten Speckstreifen und abgetropften Bohnen in eine große Auflaufform geben und gut vermischen. Die Sauce über die Bohnen gießen und verrühren. Butter in Flöckchen darauf verteilen, die Form mit Alufolie abdecken und im vorgeheizten Ofen 40 Minuten backen. Die Folie abnehmen, die Bohnen gut durchmischen und nochmals 15 Minuten backen.

4.    Während die Bohnen im Ofen sind, die Salsa zubereiten. Alle Zutaten in einer Schüssel vermischen und im Kühlschrank bis zum baldigen Verzehr aufbewahren. Die Avocado wird nämlich recht schnell braun.

5.    Die Bohnen in einem warmen Tortilla-fladen mit etwas frischer Salsa servieren.

# LASAGNE MIT FRISCHEM NUDELTEIG

Ich mochte Lasagne nie besonders gerne. Meine Schwägerin Kelly und ihr Mann machen zwar eine richtig tolle, aber mich hat es immer gestört, dass die Lasagne an den Ecken trocken und hart wird. Doch dann habe ich es mit frischem Nudelteig versucht – und, wow! Ein riesiger Unterschied und so lecker!

**ERGIBT 6 PORTIONEN**

1 Portion Nudelteig (Seite 41)
Pflanzliches Öl, zum Anbraten
1 kleine Zwiebel, gehackt
4 Karotten, in Scheiben geschnitten
200 g Mozzarella, klein gewürfelt
450 g Ricotta
1 Handvoll frisches Basilikum oder 1–2 EL getrocknetes Basilikum
2 Eier
700 ml Tomatensauce aus dem Glas
1 Kohlkopf, fein gehackt
80 g Parmesan, frisch gerieben

1. Den Ofen auf 180 °C vorheizen.

2. Den Nudelteig nach der Anleitung von Seite 41 zubereiten. (Das Schöne an der Lasagne ist, dass man nur ganz dünne Teigplatten braucht. Aus dem restlichen Teig kann man breite Nudeln machen und sie 1 Tag im Kühlschrank aufbewahren.) Man benötigt etwa 9 dünne Teigplatten.

3. In einer Pfanne etwas Öl erhitzen und die Zwiebel bei mittlerer Hitze weich dünsten. Die Karotten in einem Topf mit kochendem Wasser weich kochen, dann abgießen.

4. Mozzarella, Ricotta, Basilikum, Eier und gedünstete Zwiebel in einer Schüssel vermischen.

5. Einige EL Nudelsauce auf dem Boden einer Auflaufform (23 × 33 cm) verteilen.

6. Die ersten 3 Teigplatten darauflegen. (Sie können auch überlappen, ansonsten kann man sie auch zuschneiden.) Die Hälfte der Käsemischung darauf verteilen und mit gehacktem Kohl bestreuen. Mit den nächsten 3 Teigplatten bedecken und darauf die restliche Käsemischung verteilen. Darüber die Karotten geben. Darauf die letzten 3 Nudelplatten legen.

7. Die restliche Nudelsauce über die Lasagne gießen, bis in die Ecken hinein. Mit Parmesan bestreuen und im vorgeheizten Ofen in 45 Minuten goldbraun backen.

# PIROGGEN

Das ist ein prima Rezept für ein Abendessen mit Freunden. Und meine Tochter ist ziemlich gut darin, die Kanten zusammenzudrücken. Piroggen sind ein polnisches Gericht, herzhafte gefüllte Teigtaschen wie Ravioli. Um den Teig richtig dünn zu bekommen, braucht man eine Nudelmaschine.

**ERGIBT 70 KLEINE PIROGGEN ODER 35 GROSSE**

**FÜR DEN TEIG:**

565 g Mehl Type 550 oder 1050
2 Eier
125 g saure Sahne
1 TL Salz
160 ml warmes Wasser

**FÜR DIE KARTOFFEL-KÄSE-FÜLLUNG:**

1 Kartoffel (mehlig kochend), gekocht
1 EL Butter
45 g Cheddar oder mittelalter Gouda, gerieben
55 g Ricotta
2 EL frischer oder 1 TL getrockneter Dill
2 EL Schnittlauch oder Frühlingszwiebeln, gehackt
1 Pr Salz und frisch gemahlener schwarzer Pfeffer

**FÜR DIE ZIEGENKÄSE-ZWIEBEL-FÜLLUNG:**

1 Süßkartoffel
1 süße Zwiebel, in dünne Scheiben
  geschnitten
2 EL Butter
50 g Ziegenkäse

1.  Alle Zutaten für den Teig in einer Schüssel gründlich verrühren. Den Teig auf einer leicht bemehlten Arbeitsfläche zu einem geschmeidigen Teig kneten.

2.  Den Teig dritteln und portionsweise mit der Nudelmaschine bearbeiten. (Sie werden den Teig abschneiden müssen, da er recht lang wird.) Das Ergebnis sollten lange Teigstreifen sein. Diese auf eine bemehlte Arbeitsfläche legen und Kreise ausschneiden. (Ich verwende dafür ein Einweckglas, aber man kann sie auch größer oder kleiner machen.)

3.  Den restlichen Teig zusammenkneten und wieder durch die Maschine drehen. Die Arbeitsfläche sollte immer bemehlt sein, damit der Teig nicht kleben bleibt. Außerdem kann er leicht reißen.

4.  Etwas Mehl auf ein mit Backpapier belegtes Blech stäuben. Die ausgeschnittenen Kreise darauflegen und mit Frischhaltefolie abdecken, solange sie nicht weiterverarbeitet werden.

5.  Für die Kartoffelfüllung die gekochte Kartoffel schälen und mit der Butter zerstampfen. Die beiden Käsesorten, Dill, Schnittlauch oder Frühlingszwiebeln, Salz und Pfeffer hinzufügen und gründlich verrühren. Etwa 1 ½ TL der Füllung in die Mitte jedes Kreises setzen. Den Teig zu Halbkreisen zusammenfalten, die Ränder fest zusammendrücken. Während des Arbeitens die Arbeitsfläche immer bemehlt halten.

6.  Für die Füllung mit Süßkartoffel: Den Ofen auf 190 °C vorheizen. Die Süßkartoffel in Backpapier und darüber in Alufolie einwickeln. Im vorgeheizten Ofen 1 Stunde backen. (Man kann dies bereits am Vortag erledigen.) Die gegarte Süßkartoffel schälen und in einer Schüssel zerstampfen. Die Zwiebel in einer Pfanne mit etwas Butter karamellisieren, bis sie braun (und köstlich) ist. Die Süßkartoffel und den Ziegen-

käse dazugeben und gründlich vermischen. Etwa 1 ½ TL der Füllung in die Mitte jedes Kreises setzen. Den Teig zu Halbkreisen zusammenfalten, die Ränder fest zusammendrücken. Während des Arbeitens die Arbeitsfläche immer bemehlt halten.

7.  In einem großen Topf gesalzenes Wasser zum Kochen bringen. Die Piroggen hineingeben – etwa 10 kleine oder 6 große gleichzeitig. Wenn sie an die Oberfläche kommen, sind sie fertig und man kann sie mit einer Schaumkelle herausheben. Das dauert etwa 5 Minuten.

Zum Servieren (optional): Mit extra Käse, Röstzwiebeln oder Speck bestreuen und in saure Sahne dippen. Manche mögen auch Sauerkraut dazu. (Manche, habe ich gesagt!)

# PANIERTE HÜHNERBRUSTSTREIFEN

Ich mag einfach keine abgepackten Hühnerbruststreifen kaufen. Sie enthalten eine Menge seltsamer Zutaten und viel zu viel Salz. Außerdem sind sie wirklich einfach selbst zu machen.

TIPP: Die Kinder lieben sie mit Ketchup, aber ich mag diesen einfachen Dipp:
50 g Mayonnaise, 50 g saure Sahne und 1 gehäuften EL Dijonsenf in einer kleinen Schüssel vermischen. Gut verrühren und zu den Hühnerbruststreifen servieren.

**ERGIBT 2–3 PORTIONEN**

2 Hühnerbrüste
1 Ei, verquirlt
50 g Mandeln, grob gemahlen
20 g Semmelbrösel
1 Pr Salz
Olivenöl oder anderes pflanzliches Öl zum Beträufeln

1.    Den Ofen auf 180 °C vorheizen. Ein Blech mit Backpapier belegen.

2.    Die Hühnerbrüste in Streifen schneiden. (Eine Freundin hat mir den Tipp gegeben, Fleisch mit der Küchenschere zu schneiden. Brillant! Sie haben das vielleicht schon gewusst, ich nicht.)

3.    Das verquirlte Ei in ein flaches Schälchen geben. Gemahlene Mandeln, Semmelbrösel und Salz in einem anderen Schälchen vermischen.

4.    Jeden Hühnerbruststreifen in das Ei tauchen und dann in der Semmelbrösel-Mischung wälzen. Die panierten Streifen auf das vorbereitete Blech legen.

5.    Wenn alle Streifen paniert auf dem Blech liegen, jeweils mit etwas Öl beträufeln. Im vorgeheizten Ofen 12 Minuten backen. Wenden und von der anderen Seite nochmals 12 Minuten backen, bis sie von allen Seiten golden und knusprig sind.

Zu diesem Foto: Entschuldigen Sie bitte, aber als ich die Kamera holte, war die ganze Platte noch voll. Ich hatte Glück, dass überhaupt noch ein Streifen übrig blieb. Er tat mir leid, so ganz allein ... aber das ging vorüber, ich hab' ihn gegessen.

# AUBERGINEN MIT PARMESAN

Mein Mann und ich mögen sie sehr. Meine Tochter überhaupt nicht – aber sie muss sich auch nicht immer durchsetzen. Ich backe die Auberginen, anstatt sie zu frittieren. Es ist einfacher, sauberer und außerdem gesünder.

## ERGIBT 4 PORTIONEN

2–3 Eier, verquirlt
100–150 g Semmelbrösel
1 große Aubergine, in dünne Scheiben geschnitten
Pflanzliches Öl zum Beträufeln
1 Zwiebel, fein gehackt
3 Knoblauchzehen, zerdrückt
700 ml Tomatensauce aus dem Glas
4 Tomaten, in dünne Scheiben geschnitten
1 große Kugel Mozzarella, in dünne Scheiben geschnitten
80 g Parmesan, gerieben

1. Den Ofen auf 180 °C vorheizen. Ein Blech mit Backpapier belegen.

2. Die verquirlten Eier in ein flaches Schälchen geben. Die Semmelbrösel in ein weiteres Schälchen geben. Die Auberginenscheiben zuerst in das Ei, dann in die Semmelbrösel tauchen. Die panierten Scheiben auf das vorbereitete Blech legen.

3. Wenn alle Auberginenscheiben paniert sind, diese einzeln mit Öl beträufeln und im vorgeheizten Ofen etwa 20 Minuten backen. Jede Scheibe wenden und nochmals 30 Minuten backen, bis alle knusprig und golden sind.

4. Etwas Öl in einer Pfanne erhitzen und Zwiebeln und Knoblauch bei mittlerer Hitze anbraten, bis sie weich und leicht gebräunt sind.

5. Etwas von der Tomatensauce in eine Auflaufform (23 × 33 cm) gießen. 6–8 Auberginenscheiben (je nach Größe) darauf verteilen. Man kann entweder Schichten oder Stapel machen.

6. Sobald der Boden der Form bedeckt ist, jede Scheibe mit etwas gebratenen Zwiebeln bestreuen. Gleichmäßig auf alle verteilen. Darauf jeweils 1 Tomatenscheibe und 1 Mozzarellascheibe stapeln. Anschließend den Vorgang so oft wie gewünscht wiederholen: Aubergine, Tomate, Mozzarella. Den Abschluss sollte eine Mozzarellascheibe bilden.

7. Die Nudelsauce über die Auberginenstapel gießen und mit Parmesan bestreuen. Im vorgeheizten Ofen etwa 40 Minuten backen.

# HONIGKUCHEN

Wir backen sie jedes Jahr und hängen sie in der Küche an unseren Keks-Baum. Das ist eine dieser Sachen, auf die ich mich das ganze Jahr über freue und die ich voll Ungeduld erwarte. Manche Honigkuchen verzieren wir, andere lassen wir pur. In meinem Rezept verwende ich frischen Ingwer – es gibt den Keksen eine besondere Note.

## ERGIBT 60 STÜCK

115 g Butter
100 g Kristallzucker
110 g Melasse
1 Ei
2–5 cm frischer Ingwer, gerieben (Ich verwende dafür eine ganz feine Reibe.) oder 1½ TL gemahlener Ingwer
1 TL Vanilleextrakt
1 TL Zimt
¼ TL gemahlene Nelken
400 g Weizenmehl, plus Mehl zum Bestäuben
¼ TL Natron

## ZUM VERZIEREN:

115 g zimmerwarme Butter
425–565 g Puderzucker
3–4 EL Sahne oder Milch
1 TL Vanilleextrakt

1. Butter und Zucker in einer Schüssel schaumig rühren. Melasse, Ei, Ingwer und Vanilleextrakt hinzufügen.

2. Gewürze, Mehl und Natron in einer weiteren Schüssel vermischen.

3. Die feuchte Mischung mit den Händen unter das Mehl kneten. Den Teig solange sanft kneten, bis alles Mehl eingearbeitet ist. Den Teig in Frischhaltefolie wickeln und im Kühlschrank mindestens 2 Stunden, besser noch über Nacht kalt stellen.

4. Den Ofen auf 180 °C vorheizen. Ein Blech mit Backpapier belegen.

5. Den Teig auswickeln und auf einer leicht bemehlten Arbeitsfläche mit einem bemehlten Nudelholz auf eine Dicke von etwa 5 mm ausrollen. Für weichere Honigkuchen den Teig dicker ausrollen.

ZUCKERGUSS MIT BRAUNER BUTTER:
Die gleichen Zutaten verwenden. Aber die Butter zuerst in
einer Pfanne schmelzen und leicht braun werden lassen –
aber nicht verbrennen. Anschließend die braune Butter
mit Puderzucker, Sahne und Vanilleextrakt vermischen.
Die braune Butter gibt dem Zuckerguss einen besonders
leckeren Geschmack.

6.   Mit Ausstechförmchen nach Wahl
Formen ausstechen. (Wir lieben Bäume,
Elche, Wölfe, Sterne, Eichhörnchen ...
nicht ganz so klassisch, aber dafür sehr
witzig.) Zum Aufhängen oder zur Verwendung als Geschenke-Anhänger in jeden
Honigkuchen oben mit einem Strohhalm
ein Loch bohren. Auf das vorbereitete
Blech legen.

7.   Im vorgeheizten Ofen 8–10 Minuten
backen, bis die Ränder leicht braun werden.

8.   Während die Honigkuchen abkühlen,
die Verzierung vorbereiten. Die Butter in
einer Schüssel cremig schlagen. Nach
und nach den Puderzucker einarbeiten
(jeweils etwa 140 g). Nach 425 g Puderzucker etwa 3 EL Sahne und den Vanilleextrakt hinzufügen. Dicken Zuckerguss kann
man mit dem Messer verstreichen, dünne-
rer Zuckerguss (mit etwas mehr Sahne)
lässt sich mit einem Spritzbeutel auftra-
gen.

9.   Wenn die Honigkuchen abgekühlt
sind, nach Geschmack verzieren. (Ich
liebe Zuckerguss. Und jede Gelegenheit,
bei der ich davon naschen kann, macht
mich glücklich.)

# MAKRONEN

In meiner Kindheit machte meine Mutter diese Makronen mit Zucker und Haferflocken, was ich liebte. Meine Schwester und ich machten sie heimlich nach, wenn sie an der Arbeit war, und teilten sie unter uns auf. Dieses Rezept ist eine gesündere Variante davon.

## ERGIBT 18 STÜCK

210 g Bio-Kokosraspel (fein gemahlen)
50 g hochwertiges Kakaopulver
40 g zimmerwarmes Kokosfett
6 EL Ahornsirup

1.    Alle Zutaten in einer Schüssel gründlich verrühren.

2.    Jeweils 1 Löffel voll Teig abstechen und daraus kleine Bällchen formen. Auf ein mit Backpapier belegtes Blech legen und etwa 1 Stunde ruhen lassen. (Ehrlich gesagt esse ich sie immer schon, bevor sie geruht haben.)

# REISPUDDING MIT KARDAMOM

Das ist das einzige andere Gericht meiner Mutter, an das ich mich erinnere. Sie machte es damals im Ofen und tat Rosinen hinein und trotzdem habe ich es gegessen. Ich könnte diesen Reispudding zum Frühstück, Mittagessen und Abendessen verspeisen – vor allem mit Pistazien bestreut.

**ERGIBT 4 PORTIONEN**

170–180 g Basmati-Reis
360 ml Milch
400 g Kokosmilch aus der Dose
1 TL Vanilleextrakt
100 g Kristallzucker
5 Kardamom-Kapseln, ohne Samen, zerstoßen

1.　Alle Zutaten in einen großen Topf geben. Zum Kochen bringen, dann 20 Minuten köcheln lassen. (Fertig! Der Reis ist extrem cremig und köstlich.)

2.　Im Kühlschrank aufbewahrt (falls Sie ihn aus irgendeinem seltsamen Grund nicht aufessen sollten) wird der Reis sehr fest. Mit etwas Milch oder Sahne lässt er sich wieder verflüssigen. Auch ein paar Sekunden in der Mikrowelle helfen.

# MINI-MARMELADEN-PIES

Diese Pies sind in den USA unter dem Namen Pop-Tarts ein Riesenerfolg. Meine Tochter weiß nicht, was kommerzielle Pop-Tarts sind — ist das nicht toll?

**ERGIBT 3-4 MINI-PIES**

1 Portion Teig (Seite 48), für dieses Rezept zusätzlich 1 EL Zucker hinzufügen
Sahne und Kristallzucker, zum Beträufeln und Bestreuen

**FÜR DIE FÜLLUNG:**

Dafür kann man im Prinzip alles nehmen: Apfelsauce (Seite 128), jede
  Marmeladensorte oder sogar Nussnougatcreme. Pro Pie braucht man
  2-3 EL Füllung.
Mehl, zum Andicken (nur wenn Sie Marmelade oder eine eher flüssige
  Füllung verwenden)

TIPP: Sie können die Pies in allen möglichen Formen machen — Herzen werden immer besonders geschätzt. Wenn Sie nicht viel Zeit haben, aber Ihrer Familie etwas Besonderes zaubern möchten, tauen Sie einfach etwas Teig auf, rollen ihn aus, füllen ihn mit Marmelade und backen ihn 15 Minuten bei 200 °C.

1.  Den Ofen auf 180 °C vorheizen.

2.  Den vorbereiteten Teig (mit dem zusätzlichen Zucker) auf einer leicht bemehlten Arbeitsfläche ausrollen. In 6–8 Rechtecke von etwa 8 × 12,5 cm schneiden. (Ich mache 6 Stück und hebe etwas Teig für den nächsten Tag auf.)

3.  Ein Teigstück auf ein mit Backpapier belegtes Blech legen.

4.  3 EL Füllung (ich verwende unsere eigene Himbeermarmelade) in eine Schüssel geben. (Mit 1 TL Mehl vermischen, wenn sie leicht flüssig ist.) Gut verrühren.

5.  Die Füllung auf das Teigstück geben, dann mit einem anderen Stück bedecken. Die Ränder mit einer Gabel zudrücken. Mit dem restlichen Teig ebenso verfahren, so dass sich 3–4 Mini-Pies ergeben.

6.  Mit einem Backpinsel die Pies mit etwas Sahne bestreichen und mit Zucker oder Zimt bestreuen.

7.  Im vorgeheizten Ofen 20 Minuten backen. Dann mit etwas Zuckerguss beträufeln (Seite 144) oder einfach so genießen.

# SÜSSE BROTCHIPS

Ich liebe Brotchips. Und außerdem finde ich es klasse, dass dieses Rezept so viele ergibt, dass man sie einfrieren kann. Wir machen sie das ganze Jahr über, aber an Weihnachten passen sie natürlich besonders gut, außerdem sind sie ein schönes Geschenk. Sie sind köstlich mit getrockneten Früchten und Walnüssen. Ich esse meine mit Ziegenkäse und Rhabarbermarmelade (Seite 29). Jetzt brauchen sie nur noch Mini-Kastenkuchenformen. Meine Form habe ich meiner Mutter entwendet …

## ERGIBT 80-90 STÜCK

275 g Vollkornmehl
2 TL Natron
50 g Demerara-Zucker
2 TL Salz
2 EL Apfelessig
460 ml Milch
90 g flüssiger Honig
140 g getrocknete Aprikosen (oder andere getrocknete Früchte), klein geschnitten
65 g ganze Mandeln
65 g Pistazien
70 g Sonnenblumenkerne
30 g Leinsamen
20 g Greyerzer, gerieben

1.    Mehl, Natron, Zucker und Salz in einer Schüssel vermischen. In einem Krug Apfelessig und Milch verrühren, dann zu der Mehlmischung gießen. Alles gründlich verrühren. Den Honig hinzufügen und vermischen. Die restlichen Zutaten gründlich unterrühren.

2.    Den Teig in 4 Mini-Kastenkuchenformen aus Silikon verteilen und im vorgeheizten Ofen 35–40 Minuten backen, bis die Kuchen fest und durch sind. Aus dem Ofen nehmen und abkühlen lassen.

3.    In die Gefriertruhe stellen. (Warum? Ich werde es Ihnen sagen.) Die Kuchen müssen hart sein, damit man sie ganz dünn aufschneiden kann. 4 Stunden (sagt meine Nachbarin Judy) sind genau richtig. (Dann sind sie nämlich nicht ganz durchgefroren, so wie ich es versucht hatte. Wenn Sie sie über Nacht einfrieren, dann lassen Sie sie vor dem Aufschneiden 10 Minuten antauen.) Den Backofen auf 180 °C vorheizen. Die Kuchen möglichst dünn aufschneiden, damit die Brotchips knusprig werden.

4.    Die Kuchenscheiben auf ein Blech legen. Im vorgeheizten Ofen 8 Minuten backen. Aus dem Ofen nehmen, wenden und nochmals 8 Minuten backen. Abkühlen und genießen.

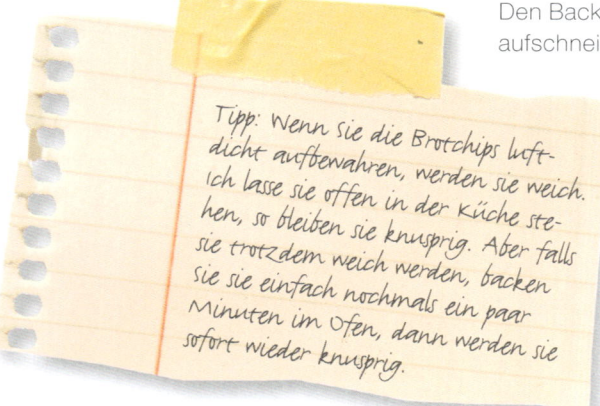

Tipp: Wenn Sie die Brotchips luftdicht aufbewahren, werden sie weich. Ich lasse sie offen in der Küche stehen, so bleiben sie knusprig. Aber falls sie trotzdem weich werden, backen Sie sie einfach nochmals ein paar Minuten im Ofen, dann werden sie sofort wieder knusprig.

TIPP: Ich verwende eingelegte Zitronen für fast alles: Hummus, Brathähnchen, Fisch, Müsliriegel, Rühreier, Quiche oder Törtchen. Sie sind wahnsinnig lecker und ganz einfach zu machen.

# EINGELEGTE ZITRONEN

Meine Freundin Noelle hat mir von ihrem Haus in Palm Springs wundervolle Meyer-Zitronen mit leicht orangefarbenem Fruchtfleisch mitgebracht. Die legte ich ein. Ich wollte einfach mal sehen, wieso alle so begeistert davon sind. Denn jeder, der sie verwendet, schwört, dass sie spektakulär sind. Und es ist wahr! Und reiben sie die Schale der Zitronen, die sie für den Saft auspressen. Unten gebe ich Ihnen Tipps, wie sie die Schale dann verwenden können.

**ERGIBT EIN GLAS VON 500 ML**

8–10 Meyer-Zitronen (oder andere,
    falls Sie diese nicht bekommen können)
130 g Salz
Olivenöl

1. Spitze und Stielansatz von 6 Zitronen abschneiden und jede Zitrone in 8 Schnitze teilen. Die Kerne entfernen. Mit dem Salz in eine Schüssel geben. Gründlich vermischen, bis alle Zitronenschnitze von Salz bedeckt sind. In ein 500-ml-Glas füllen.

2. Die restlichen Zitronen auspressen und den Saft in das Glas gießen. Die Zitronen im Glas sollten vollständig mit Saft bedeckt sein.

3. Das Glas in der Küche aufbewahren, jedoch nicht in direktem Sonnenlicht. Auf einen Teller oder ein Geschirrtuch stellen. (Warum? Weil ich es nicht gemacht habe, Saft ausgelaufen ist und einen Kreis in meine Arbeitsfläche gefressen hat ... dumm!)

4. Das Glas zweimal täglich umdrehen und schütteln. Diesen Vorgang 5 Tage lang wiederholen. Dann 60 ml Olivenöl aufgießen und im Kühlschrank aufbewahren. Nach weiteren 5 Tagen sind die Zitronen gebrauchsfertig. Sie sind im Kühlschrank 6–8 Monate haltbar.

5. Zum Gebrauch so viele Zitronen wie benötigt entnehmen und unter fließendem Wasser abspülen. Das Salz ist äußerst stark und die Zitronen sind davon komplett durchdrungen. Die Zitronen sehr fein hacken oder mit einem Messerblatt zerdrücken.

6. In jedes Gericht, das eine Zitronennote verlangt, geben und gut vermischen. (Sie werden das mehrfach ausprobieren müssen, da der Geschmack sehr stark ist. Wie viel benötigt wird, hängt von der Art des Gerichts ab.)

**Verwendung von Zitronenschalen:**

- Wenn sich bei Ihnen wie bei mir die Zitronenschalen stapeln, dann machen Sie sich bestimmt auch Gedanken, wie man sie noch verwenden könnte. Einmal hatte ich wahnsinnig viele Zitronen und habe von der Hälfte die Schalen abgerieben, um daraus Zitronencreme zu machen. Dabei brauchte man dafür nur ein paar Esslöffel voll. Dann habe ich welche auf einem mit Backpapier belegten Blech 2 Tage lang getrocknet. Wenn sie trocken sind, kann man sie gut mit Salz mischen und zum Kochen verwenden.
- Außerdem kann man Zitronenschale auch einfrieren. Zuerst auf einem Blech einfrieren, dann in Beuteln einfrieren, damit sie nicht zusammenklumpen.
- Und man kann Zitronenschalen mit Zucker vermischen ... Zitronenzucker! Perfekt für Kekse, Kuchen und Pasteten. Was für ein nettes Mitbringsel!

# HEIDELBEERSIRUP

Ich bin ein großer Fan von Ahornsirup, aber auch warmer Heidelbeersirup auf Crêpes zaubert mir jederzeit ein breites Lächeln ins Gesicht. Außerdem ist es ein nettes Geschenk.

## ERGIBT 500 ML

500 g Heidelbeeren (frisch oder gefroren)
240 ml Wasser
150 g Kristallzucker
¼ TL Zimt
1 Spalte eingelegte Zitrone (Seite 153), gut abgespült und
   fein gehackt, oder etwas Zitronenschale (optional)

1. Alle Zutaten in einem Topf aufkochen und rühren, bis sich der Zucker aufgelöst hat. Bei niedriger bis mittlerer Hitze 10 Minuten köcheln lassen. Vom Herd nehmen und abkühlen lassen.

2. Wenn Sie Stückchen in einer Sauce nicht stören, dann ist der Sirup fertig. Ansonsten mit einem Löffel durch ein feines Sieb streichen.

3. In sterilisierte Gläser oder luftdichte Behälter füllen. Der Sirup ist im Kühlschrank wochenlang haltbar und schmeckt zu French Toast, Brotauflauf (Seite 135), Eiscreme, Pfannkuchen ...

# HUNDEKEKSE

Ollie ist an Weihnachten zu unserer Familie gestoßen und hat seitdem nicht mehr aufgehört zu fressen. Er frisst einfach alles leer: unser Erdbeerfeld, das Brokkolibeet, Tomaten, Post-it-Zettel. Er hat sogar den Stamm des Kirschbäumchens vernichtet ... Also, warum müssen wir ihm dann extra Leckerli machen? Schauen Sie sich doch nur sein Gesicht an!

**ERGIBT ... GANZ VIELE**
**(IN QUADRATE GESCHNITTEN ETWA**
**100 STÜCK)**

140 g Haferflocken
340 g Vollkornmehl, plus Mehl zum Bestäuben
75 g Erdnussbutter
10 g Weizenkleie
15 g Leinsamen, gemahlen
15 g Haferkleie
35 g Sonnenblumenkerne
3 EL Olivenöl
360 ml heißes Wasser
1 Handvoll Petersilie, frisch gehackt

1.  Den Ofen auf 160 °C vorheizen.

2.  Alle Zutaten in einer großen Schüssel gründlich vermischen. Dazu zunächst einen Kochlöffel verwenden, da der Teig heiß ist. Wenn er abkühlt, mit den Händen kneten.

3.  Den Teig auf einer bemehlten Arbeitsfläche ausrollen. Es ist eine große Menge, also eventuell teilen.

4.  Wir verwenden einen Pizzaschneider, um den Teig in Quadrate zu schneiden, das geht richtig schnell. Allerdings besteht Lily darauf, auch Herzen und Eichhörnchen für Oliver auszustechen.

5.  Die Kekse im vorgeheizten Ofen 25–30 Minuten backen. Wenn die Kekse eher klein sind, bereits nach 10 Minuten kontrollieren, sie sollten nur leicht gebräunt sein und sich trocken anfühlen. Ich hatte sie mal zu lange im Ofen, aber Olli hat das nicht gestört.

# KNOBLAUCHBREI FÜR HÜHNER

Ja, ich habe verwöhnte Hühner. Aber ich denke mir immer, sie geben uns ja ihre wundervollen Eier, und je besser sie gefüttert werden, umso besser essen wir. Ihre Eidotter sind unglaublich gelb, so etwas habe ich noch nie gesehen! Wir haben ja nur - Hühner, daher ist es einfach, eine so kleine Schar zu verwöhnen. Und im Winter habe ich Zeit für so etwas. An furchtbar nassen Tagen bekommen sie diesen Brei, dazu Bio-Körner und ein, zwei Melonen.

Der Brei wird warm serviert und ist innerhalb kürzester Zeit weggepickt. Man kann nach Belieben Samen hinzufügen oder weglassen, wir nehmen einfach, was gerade da ist. Auf jeden Fall ist Knoblauch ausgesprochen gut für Hühner. Mit diesem altmodischen Mittel kann man Insekten und Würmer in und auf den Hühnern fern halten.

## ERGIBT GENUG FÜR FÜNF VOM REGEN DURCHNÄSSTE HÜHNER

280 g Haferflocken
480 ml kochendes Wasser
1 Banane, gehackt
10 g Chiasamen
15 g Leinsamen, gemahlen
15 g Haferkleie
10 g Weizenkeime
2 EL Olivenöl
2-3 Knoblauchzehen, zerdrückt
1 Handvoll Rosinen

1.  Die Haferflocken mit dem heißen Wasser in einer großen Schüssel verrühren. Die restlichen Zutaten außer den Rosinen dazugeben. Gut verrühren und soweit abkühlen lassen, dass sich der Brei bei Berührung warm anfühlt. (Wir wollen keine verbrannten Schnäbel!)

2.  Ich habe eine alte Muffinform, die ich zur Breiform erklärt habe. Ich verteile den Brei auf die einzelnen Förmchen und streue Rosinen darüber. Damit ist die Sache erledigt – man muss nichts backen. Den Hühnern servieren und sie werden Sie noch mehr lieben.

# REGISTER

## Bildnachweis

Heather Cameron: Seiten 11, 13 oben,
17, 24, 46, 82, 83, 86, 109 unten links,
110 oben rechts
Kim Christie: Seiten 3, 13 unten, 14, 15,
34, 55 Mitte links, 117, 118, 119, 144
Janis Nicolay: Seiten 5, 6, 19 unten, 48,
49
Alle anderen Bilder von Heather
Cameron und CICO Books.

## Dank

Danke an Noelle Rawlins für die
Zitronencreme-Etiketten auf Seite 44
und die gelben Stiefel auf Seite 133.